南無阿彌陀佛是什麼

名著《歎異抄》入門

歎異抄ってなんだろう

高森顯徹、高森光晴、大見滋紀——著

《南無阿彌陀佛是什麼》翻譯組——譯

前言

被譽為二十世紀最偉大哲學家之一的海德格爾曾經說過，如果他能再早十年知曉《歎異抄》的話，哲學的歷史想必會因此改變。他在晚年的日記中這樣寫道：

「今天，我透過英譯本，第一次閱讀了東洋聖者親鸞的《歎異抄》。（中略）

「如果早在十年前就能知曉東洋有這樣一位偉大的聖者，我就不去學習希臘語和拉丁語了。我會學習日語，聆聽這位聖者的教義，並把傳揚他的教義當作我畢生的事業。可惜，太晚了……（中略）

「日本人到底在做些什麼呢⁈日本在第二次世界大戰中戰敗後，宣言今後要以文化立國，為世界文化做貢獻。要我來說的話，根本不需要什麼宏偉的建築物或是精美的藝術品，不需要其他任何東西，只希望日本人能成為讓人感受到親鸞聖人教義氣息的人。

「不管是跟日本人做生意、還是去日本觀光、或是看到日本的政治家，只要跟日本人接觸，就能感受到他們知曉某種深邃的教義。希望日本人能成為這種散發出親鸞聖人教義氣息的人。

「這樣的話，全世界的人就都會得知這個教義的存在，法國人將以法文，丹麥人將透過丹麥語，各自把這聖人的教義納為己用。到了那個時候，世界和平的問題才會看見解決的曙光，二十一世紀文明的基礎才能得以奠定。」[*1]

時至今日，《歎異抄》依然是很多哲學家、思想家關注的焦點。

這本距今大約七百年前寫下的書籍，據說是由親鸞聖人（生平詳見附錄）的弟子唯圓所著，書中記載著親鸞聖人的教義。

因此，要想理解《歎異抄》，就需要瞭解親鸞聖人的教義。

海德格爾在日記中，甚至將親鸞聖人的教義稱為「解決世界和平問題的曙光」「奠定二十一世紀文明的基礎」。那麼，受到如此盛讚的親鸞聖人的教義到底教導了什麼呢？

「無論遭遇多大的痛苦，都不要放棄！你終將獲得無比巨大的幸福。不分人種、性別、年齡、能力、貧富，任何人都能夠平等地獲得無與倫比的幸福，體會到生而為人的喜悅。」

這就是親鸞聖人始終如一的教導。

然而，要瞭解親鸞聖人的教義並非易事。事實上，能夠讀懂聖人在八百年前寫下的畢生巨著——《教行信證》，明白裡面所寫內容的人，只有一些頂級的佛教專家而已。

為什麼會這樣呢？因為《教行信證》

- 全都由古漢語寫成
- 有很多佛教的專門用語
- 篇幅很長

所以，如果不是對佛教研究很深的專家學者，恐怕連挑戰的想法都不會有吧。

與親鸞聖人所寫的《教行信證》相比，由其弟子所著的《歎異抄》則具有以下特點：

- 編註：本書內文中的＊，請參閱第一七五頁的「註釋出處」。

- 全都由古日語寫成
- 篇幅短小
- 文筆優美，讀起來朗朗上口

出於這些理由，很多人都會去讀《歎異抄》。

不過，儘管《歎異抄》比《教行信證》更容易閱讀，畢竟也是七百年前所寫的古文，而且還有很多佛教的專門用語，所以長期以來，《歎異抄》的讀者都是以佛教學者、哲學家、文學家和知識分子為主。

但是，《歎異抄》裡所寫的內容，卻是對古今中外的全人類而言都極為重要的事情，因此，為了讓從未接觸過《歎異抄》的人也能對此書有一個大致的瞭解，筆者寫下了這本入門書。

本來，書中應舉出佛教經典或是《歎異抄》的原文作為根據，否則可能會有讀者質疑本書寫的是否真是親鸞聖人的教義。

但是另一方面筆者也擔心，列舉出一些連博學之士都不太熟悉的佛教詞語，會不會讓一般讀者讀起來感到吃力。

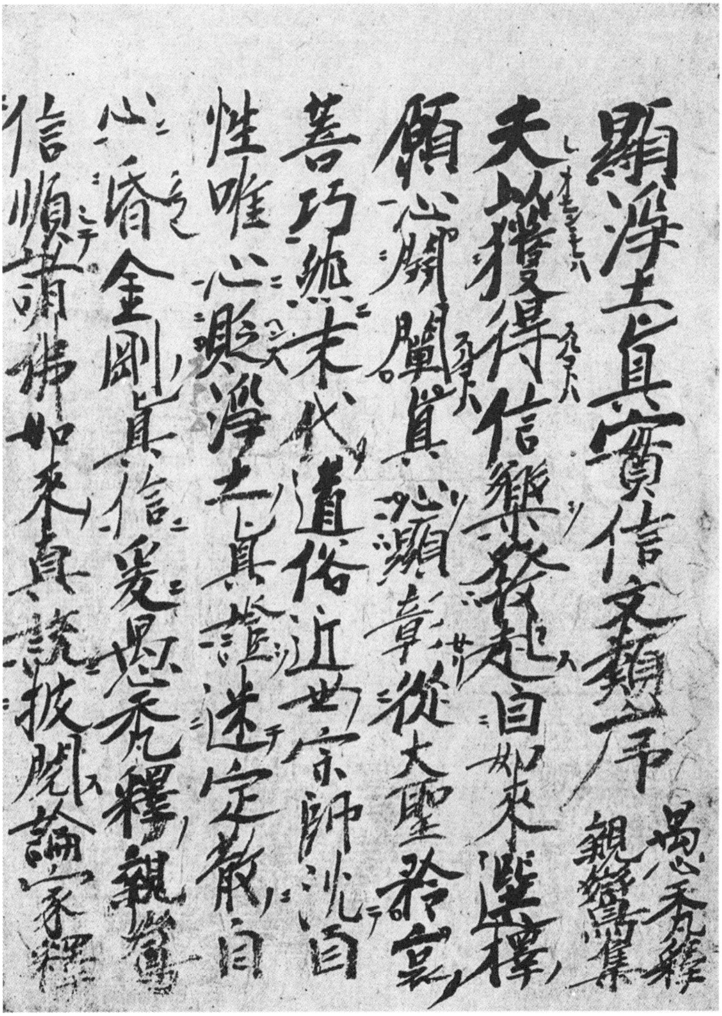

親鸞聖人親筆書寫的《教行信證》，寫於十三世紀

經過百般糾結，筆者最終決定不去引用佛教經典，以及《歎異抄》和親鸞聖人著作的原文，而是致力於用現代文來表達佛教的內容。

如果有讀者想要瞭解《歎異抄》原文所對應的現代文翻譯，以及更為詳細的解說，敬請參閱本書結尾所介紹的《開啟歎異抄》一書。

著者記

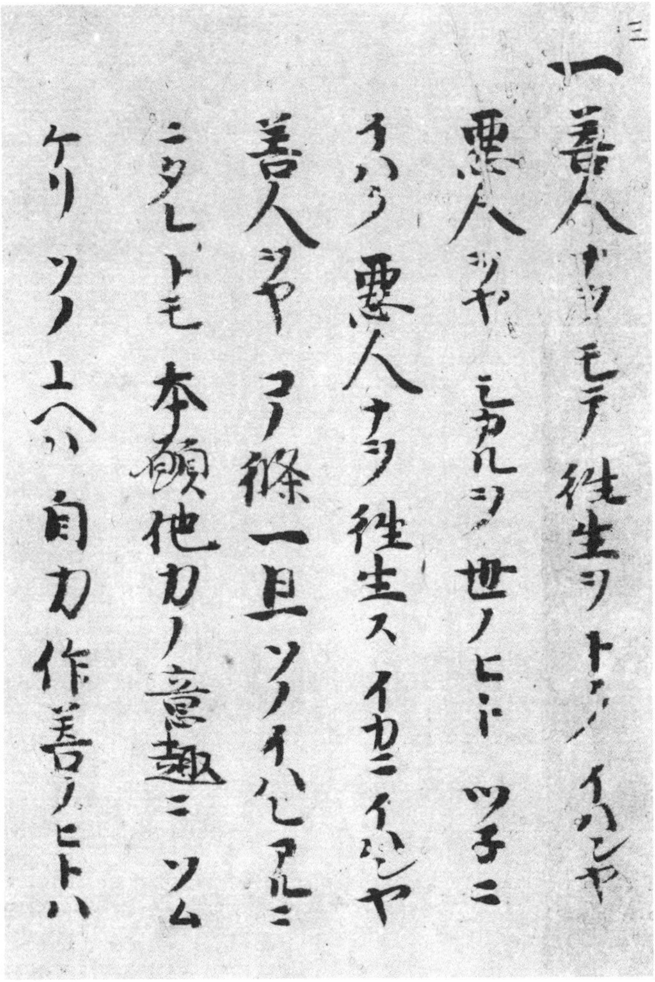

三
一善人ナヲモテ往生ヲトク イハンヤ
悪人ヲヤ シカルヲ世ノヒト ツネニ
イハク 悪人ナヲ往生ス イカニイハンヤ
善人ヲヤ コノ條一旦ソノイハレアルニ
ニタレトモ 本願他力ノ意趣ニ ソム
ケリ ソノユヘハ 自力作善ノヒトハ

《歎異抄》中的一節（蓮如上人手抄本）

目錄

第四章　特效藥

序章

讓世界為之傾倒的名著

跨越時空、充滿謎團的美文

一說到日本的古典名著，很多人都會想到《萬葉集》或是《源氏物語》吧。但是，如果要舉出一本被各個領域的知識分子爭相談論、相關解說書出版最多的古典名著，那就非《歎異抄》莫屬了。

作為格調高雅的古典名篇，《歎異抄》與日本古典文學三大隨筆（《方丈記》《徒然草》《枕草子》）相比亦毫不遜色，在日本可謂廣為人知。

《歎異抄》寫於鎌倉時代（一一八五—一三三三）後期。書中生動地記載著把曾經專屬於貴族與知識階層的佛教，不分身分、性別，平等地傳達給所有人的親鸞聖人的話語。

特別是「善人尚且得遂往生，何況惡人哉」這句話，大概很多人都曾在日本史或是倫理學的課堂上聽到過，並留下了深刻的印象吧。

可以說，《歎異抄》之所以令人傾倒，不僅僅因為它有著行雲流水般的文風、古典抒情式的優美詞句，深刻的生死觀以及超越善惡的人性觀才是它獨特的魅力所在。

一般來說，想正確瞭解親鸞聖人的教義，就要閱讀親鸞聖人最重要的著作——

《教行信證》。這部著作共有六卷，記載了親鸞聖人的全部教義。但是，由於這六卷內容龐大且具有高度專業，對於一般人來說難度太高，所以自明治時期（一八六八—一九一二）以來，篇幅短小而又文筆優美的《歎異抄》便走入了大眾的視野。

與全都由古漢語寫成的《教行信證》相比，《歎異抄》是由漢字加假名構成的古日語寫成的，這應該是《歎異抄》讓人們感到容易閱讀的主要原因吧。

這本書被當作研究「親鸞思想」的最佳入門書，在短期內就出現了大量的忠實讀者。不僅是佛教學者，甚至連文學家、哲學家、思想家也都被其優美流暢的文字，以及顛覆常識、震撼人心的內容深深吸引。

「如果只帶一本書去無人島的話，我會帶上《歎異抄》。」說這句話的，是日本著名作家司馬遼太郎。

他還曾經這樣說過：「我完全不知道人死了以後會怎樣。問別人，別人也不清楚。無奈之下，只好去書店，買了一本親鸞聖人的弟子寫的，記錄著聖人話語的《歎異抄》。（中略）讀了以後發現這本書有真實的氣息。

「無論是聽別人說話，還是讀其他書籍，我都會感到有些空洞，總覺得有什麼地方是假的。但是《歎異抄》卻不會給我這樣的感覺[*2]。

「在十三世紀留下的文章中，最大的收穫之一，無疑就是親鸞的《歎異抄》[*3]。」

劇作家倉田百三也這樣盛讚《歎異抄》：「在這個世界上，大概沒有比《歎異抄》更致力於探求人類內心的著作了。（中略）而且文章還如此優美，堪稱國寶級的美文[*4]。」

在西方哲學的基礎上構築了自己獨特思想的西田幾多郎，是日本近代哲學史上最有代表性的哲學家，他也是被《歎異抄》強烈吸引的讀者之一。

據其弟子轉述，在東京、橫濱遭遇空襲之際，西田幾多郎曾經說過：「即使一切書籍都被燒毀，只要留下《歎異抄》就足矣。」

而曾經師從西田幾多郎、就學於京都帝國大學的哲學家三木清，據說也曾這樣說過：「萬卷書中，如果只選一卷的話，我會選擇《歎異抄》。」

多年來，《歎異抄》一直暢銷不衰。文學界和戲曲界，也都爭相以《歎異抄》為題材創作作品。《歎異抄》中的思想，不僅深深影響了人文科學，甚至還廣泛波及到了醫學、科學等諸多領域。

五百年前被封印

儘管《歎異抄》如此有名，卻沒有留下關於作者的記載。在今天，一般都認為是親鸞聖人的弟子唯圓所著。

從文章中我們可以很容易地推測出，作者是一位具有卓越的文字表達能力以及深厚的佛教學識之人。

《歎異抄》全書共十八章，每一章篇幅都很簡短。

前十章記載了作者親耳聽到的親鸞聖人的話語。文筆優美生動、扣人心弦，令人彷彿身臨其境，能直接感受到當時的氛圍。

從第十一章到第十八章，則是作者為了糾正錯誤的言論而寫下的文章。親鸞聖人去世後，有人四處散播聖人從未教導過的事情，還宣稱自己講的才是真正的親鸞聖人的教義。唯圓看到這種情況，悲憤不已。於是含淚奮筆疾書，在這八章中透過明示親鸞聖人的話語，糾正了這些謬誤。

從這一點來看，《歎異抄》第十一章之後的內容，可以說是與書名「歎異（歎息與聖人教義相異）」相關的部分。但是由於這些錯誤言論在今天基本已經不再是問題，因此原原本本地記載了親鸞聖人話語的前十章，實際上才是《歎異抄》一書的精髓。

然而諷刺的是，原本是為了闡明親鸞聖人的正確教義才寫下的《歎異抄》，到了後世，卻也成為了聖人的教義被歪曲、誤解的主要原因。

會出現這樣的結果，理由只有一個。那就是，因為《歎異抄》中有很多有悖常理的、令人震驚的表達方式，所以對親鸞聖人的教義缺乏正確理解的讀者，就會以自己的想法肆意解釋，其理解往往與真正的教義背道而馳。

大約五百年前，將親鸞聖人的教義傳遍整個日本的蓮如上人（生平詳見附錄），比任何人都更早覺察到了《歎異抄》中潛藏的危險。蓮如上人因此封印了這本書，並告誡說：「不要讓對佛教理解淺薄之人閱讀」。

然而到了明治時期（一八六八—一九一二），《歎異抄》被解除了封印。《歎異抄》一流傳到世間，當時在近代化的洪流中深感困惑的青年便相繼受到吸引。

在大正時期（一九一二—一九二六），《歎異抄》也引領了一代潮流。隨後，昭和時期（一九二六—一九八九）揭開序幕，日本進入了戰爭時期。對於切實感受到死亡陰影的昭和初期的人們來說，《歎異抄》更是成為了他們心靈的歸依。

據說，從明治時期開始直到今天，在正式出版的書籍中，書名中冠有歎異抄三字的書籍已經達到了五百多冊。

如何從零開始理解這本書

但是近年來，開始有人覺得《歎異抄》看起來難懂而對其敬而遠之。這大概不僅是因為現代人對古日語已經不太熟悉，還因為書中使用了很多平常少見的佛教詞語。

比如說，在《歎異抄》第一章的開頭，就這樣寫道：

信「被彌陀誓願不思議所拯救，必遂往生」，欲念佛之心發起之時，即獲攝取不捨之利益也。

（《歎異抄》第一章）

像這樣，文章從一開始就提到「彌陀誓願」，之後也接連出現了很多佛教用語。

因為《歎異抄》這本書，當初就是以讀者對親鸞聖人的教義有所瞭解為前提寫下的。

所以，如果不瞭解親鸞聖人教義的全貌，也就無法理解《歎異抄》。

因此，對於今天第一次接觸《歎異抄》的讀者來說，要想對《歎異抄》有一個大致的瞭解，首先就需要瞭解親鸞聖人教義的全貌，這是非常重要的。

那麼，親鸞聖人教義的全貌到底是怎樣的呢？

其實，這也可以說是《歎異抄》的全貌。

為了讓大家能夠理解親鸞聖人教義的全貌，接下來筆者將介紹一個譬喻故事。

相信大家依照這個譬喻故事的脈絡，瞭解親鸞聖人教義的全貌之後，再去閱讀《歎異抄》的話，就會覺得這本令全世界為之傾倒的古典名著一下子親近了很多。

【有助於理解《歎異抄》全貌的譬喻故事】

一 有一個得了難治之症的患者，所有的醫生都束手無策，放棄了對他的治療。

二 出現了一位介紹人，將世界上唯一一位名醫的存在告訴了患者。

三 名醫發誓說：「如果不能查明這個得了難治之症的患者痛苦的根源，並徹底治好他的話，我就捨棄自己的生命。」

四 名醫歷經無比漫長的歲月，費盡千辛萬苦，終於製成了特效藥。

五 吃下特效藥，難治之症被徹底治癒，患者非常高興。

六 難治之症得以痊癒，患者深深感謝名醫和介紹人的恩情，情不自禁地說出感謝的話語。

在下面的章節中，將依次為大家解說從【一】到【六】分別比喻的是什麼，這也就是《歎異抄》的全貌。

第一章

難治之症的患者

——所有人

難治之症的患者
←
名醫的介紹人
←
名醫
←

特效藥←痊癒←道謝

有助於理解《歎異抄》全貌的譬喻故事，第一個要點。

一　有一個得了難治之症的患者，所有的醫生都束手無策，放棄了對他的治療。

這個得了難治之症、被所有醫生都放棄治療的患者，比喻的是古今中外的所有人。

親鸞聖人告訴我們，「所有人都是因罹患兩種難治之症而痛苦的惡人。」

雖然是有兩種難治之症，但是親鸞聖人詳細教導說，其實可以分為「無法治癒的難治之症」和「能夠痊癒的難治之症」。

正確理解這兩種難治之症的差別，對於我們正確瞭解《歎異抄》來說，是極其重要的事情。

無法治癒的難治之症——欲望、憤怒、愚癡

首先，所有人都罹患的「無法治癒的難治之症」是什麼樣的疾病呢？讓我們先聽一下親鸞聖人的講解。

親鸞聖人告訴我們，所有人從出生的時候開始，就罹患了「煩惱（佛教用語）」這個難治之症。

所謂煩惱，就是讓我們感到煩擾苦惱的心。佛教告訴我們，每個人都有一百零八個煩惱。日本寺院在除夕之夜敲鐘一百零八下的習俗，就是從這裡來的。

在《歎異抄》裡，煩惱這個詞也多次出現，是一個關鍵詞語。

而在一百零八個煩惱之中，特別是「欲望」「憤怒」「愚癡」這三個煩惱尤其讓我們痛苦，所以被稱為「三毒煩惱」。

無限擴張的「欲望之心」

三毒煩惱中，第一個是「欲望」。沒有的話就想要擁有，擁有了又想要得到更多——像這樣無限擴張、永無止盡的煩惱就是欲望。

人類有著各種各樣的欲望。其中尤為強烈的欲望，就是食欲、財欲、色欲、名譽欲、睡眠欲這「五欲」。

食欲，是指想吃愛吃的食物、想喝喜歡的美酒飲料的欲望。這是非常強烈的欲望，甚至會有人語帶寂寞地笑著說，「人生的快樂唯有美食」「自己就是為了下班回家後的那一杯小酒而活著」。

然而，食欲其實並沒有那麼簡單。為了滿足食欲，我們不知道會做出什麼樣的事情來。

下面這個例子因為太過殘酷而不忍詳述，據說在第二次世界大戰中，東南亞戰場的日本士兵，曾經由於極度饑餓而殺死戰友分食人肉。

如果被逼到了絕境，食欲甚至會把人變成魔鬼。而這樣可怕的食欲，存在於我們每個人的心裡。

接下來的財欲，是指追求金錢物質的心。

這是說，我們的心裡總是在不停地拚命計算：怎樣才能夠增加自己的財產，怎樣才不會讓自己虧本，怎樣才能省下更多的錢……等等。

●兩種難治之症

難治之症

1.無法治癒的難治之症

2.能夠痊癒的難治之症

所有人，都罹患兩種難治之症。
正確知曉這兩種難治之症的區別，
是理解《歎異抄》的關鍵。

第三個是色欲。這是每天都在引起各種糾紛的愛欲煩惱。戀愛自不待言，外遇、三角關係等各種情感糾葛都是源於這個欲望。

第四個是名譽欲。這是想要得到別人誇獎，獲得他人的認同與好評的心。

第五個睡眠欲，是指想要睡覺，想要輕鬆、偷懶的心。

如果沒有了食欲和睡眠欲，我們就無法活下去。如果沒有了財欲和名譽欲，我們大概會喪失動力，變得什麼都不想努力。

然而另一方面，我們又會覺得，自己就是因為每天都被欲望驅使才這樣苦惱，如果沒有這個欲望，生活該會是多麼平靜⋯⋯。

無論擁有什麼，痛苦都不會消失

大約兩千六百年前，在印度講說佛法的釋迦牟尼佛告訴了我們欲望的實相：「如果沒有田地和房屋，就會為追求這些而痛苦。而如果擁有田地和房屋，又會因為管理和維持而痛苦。其他的一切也都是如此，不管是擁有還是沒有，同樣都是生活在痛苦

五欲

- 食欲
- 財欲
- 色欲
- 名譽欲
- 睡眠欲

驅動人類的五種欲望。

之中。」

無田亦憂欲有田，無宅亦憂欲有宅。
有田憂田，有宅憂宅。牛馬六畜、奴婢錢財、衣食什物，複共憂之。有無同然。

（釋迦牟尼佛）

牛馬六畜、奴婢錢財、衣食什物，這些在現代都屬於不常使用的詞彙，其實簡單來說，就是與衣、食、住相關的財產。

釋迦牟尼佛所講的「有無同然」就是說，金錢、財產、名譽、地位、家人等等，人們會因為沒有而苦惱；一旦擁有，又會因為它們而產生別的苦惱。不管是擁有的人，還是沒有的人，同樣都無法得到滿足，痛苦和不安都無法斷絕。

就像是在證明這一點，我們時常會聽到知名人士自殺的新聞。「啊？那樣的人，怎麼會……」他們明明擁有才能、金錢、名氣等令人稱羨的一切，卻痛苦到無法活下去的程度。

釋迦牟尼佛還告訴我們，擁有的人是被「金鎖鏈」拴著，沒有的人是被「鐵鎖鏈」拴著。

不管材質是金的還是鐵的，被鎖鏈拴著的痛苦的實態都不會有絲毫改變。

聽到這裡，可能會有人感到奇怪：「沒有的痛苦我能夠體會，但是說擁有也會感到痛苦，總覺得難以理解。」

然而仔細想想，如果跟古代的人相比，我們其實已經算是擁有很多的人了，不是嗎？

比如說，直到江戶時代（一六〇三—一八六八）為止，就連各地最有權勢的諸侯出行時，能使用的最舒適的交通工具也就是轎子而已。

跟今天的汽車、新幹線、飛機比起來，轎子冬天冷、夏天熱，一整天都要坐在裡面搖來晃去，而且移動的距離也相當有限。

雖說騎馬會更快一些，但是騎馬不僅和坐轎子一樣無法防寒避暑，連風霜雨雪都遮擋不了。

然而，儘管今天的我們比古代諸侯所過的生活還要方便舒適，但是我們卻並沒有因此感受到多大的幸福喜悅。

那是因為，人的欲望是無窮的，不管擁有多少金錢、物質，生活變得多麼方便、舒適，都永遠無法得到滿足。

雖然得到想要的東西，可以使我們暫時感到滿足，但是由於欲望沒有窮盡，這個滿足很快就會轉換成不滿。

得不到滿足時會渴望，得到了滿足後又會加倍渴望。這就是欲望的實態。

欲望的本質是自私自利之心

而且，由於欲望，我們人都是「自私自利」的，會因此造下很多罪惡。

自私自利，指的是背棄他人的冷酷無情的心——只在乎自己的利益得失，不管周圍的人會變成怎樣。

出於這顆自私自利的心，我們謀求的都是自己的利益：想要金錢，想要物質，想要得到他人的誇獎、認同，想要得到更多更多……。

當這無窮的欲望受到阻礙，別人擋了自己的路時，「只要這個人不在了」「只要那個人消失了」這種冷酷的殺人之心就會噴湧而出。

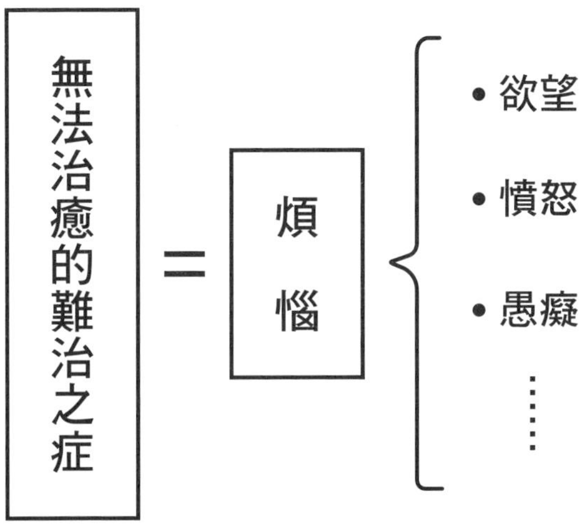

所有人都是由煩惱構成的，除了一百零八個煩惱別無其他。
這一點不會因為時代、人種、年齡的不同而改變。
到死為止，煩惱既不會減少，也不會消失。

不管對方是父母、兄弟，還是恩人、摯友，只要妨礙了自己的欲望，就會對其冒出可怕的念頭。

雖然說，為了不讓別人覺察到自己可怕的想法，我們會拚命地隱藏。但是，潛藏在根底的欲望卻會時不時噴湧而出，讓我們說出不該說的話語，做出不該做的事情，其結果，就是給他人帶來困擾，讓自己造下可怕的罪惡，為此痛苦、後悔不已。

欲望受到阻礙就會出現的「憤怒之心」

當欲望受到阻礙時，就會出現「憤怒」這個煩惱。

「都怨那個傢伙，是他讓我虧了本！」

「都怪這個傢伙，是他讓我在眾人面前出了糗！」

憤怒的火焰會於瞬間升騰起來，劇烈地燃燒。

因為憤怒，我們會說出不該說的話語，造下傷害他人的罪惡，最終留下的唯有悔恨和痛苦，不是嗎？

對他人的不幸暗自竊喜的「愚癡之心」

接下來是名為「愚癡」的煩惱，指的是嫉妒、怨恨的心。

這是嫉妒比自己優秀的人，對於對方擁有的才能、美貌、金錢、財產、名譽、地位感到鬱悶不快的心。

看到公司裡和自己同期的人先升了職位，比自己晚來的後輩處處受到照顧，或是家裡的父母總是對更優秀的兄弟姐妹寄予厚望，心裡就會覺得不舒服。

此外，對他人的不幸暗自竊喜，這種令人毛骨悚然的如惡魔一般的心也是愚癡。比如說，看到因遭遇災難而痛苦悲泣的人，嘴上說著「真令人同情」，心裡卻在暗中偷笑，幸災樂禍。這種冷酷無情的心也是源於愚癡。

日本有一句諺語，「別人的不幸甜如蜜」。說的就是存在於我們每個人心底醜陋的愚癡之心。

佛眼會看穿我們的心靈深處

可能有人會認為，只要不用嘴巴和身體表現出來，只是在心裡想想也沒什麼吧。

但其實，在《歎異抄》親鸞聖人的教導中，最為重視的就是心。

為什麼比起顯露於外的身體和嘴巴的行為，親鸞聖人更重視看不見、摸不著的心呢？

那是因為，身體和嘴巴都是依照心的指示在行動的。

比如說，有些可怕的犯罪行為，既有直接在現場犯罪的人，也有指使他們去犯罪的幕後黑手。法官在判刑的時候，不會把在現場犯罪的人判成重罪，卻將指使他人犯罪的幕後黑手無罪釋放吧。因為指使他人犯下可怕罪行的幕後黑手，才應該被判處最嚴厲的刑罰。

身體和嘴巴，就像是在現場直接犯罪的人，而給予指令讓其行動的，就是心。

用火災現場來比喻的話，心就像是火源，身體和嘴巴的行為，就像是從火源飛揚的火花。

如同火花是從火源飛揚起來的，身體和嘴巴的行為都可以說是心的外在表現。

因此，就像是滅火要把重點放在火源上一樣，佛教也總是把觀點放在心的活動上。

● 心才最重要

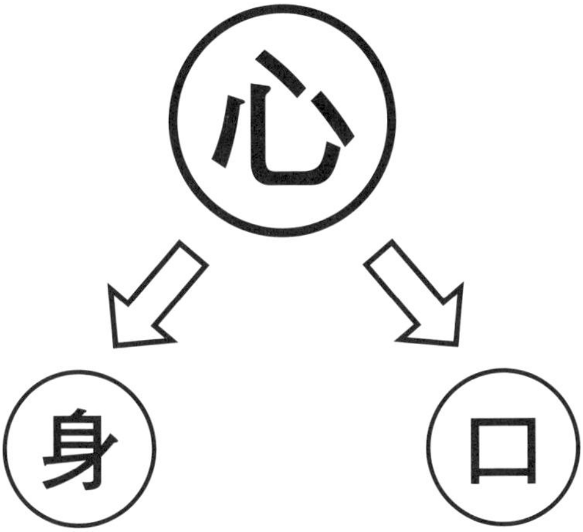

心發出指令，驅動嘴巴和身體。

親鸞聖人告訴我們，所有的人都是因罹患了「煩惱」這個不治之症而痛苦的「心的惡人」。

所以在《歎異抄》裡，把因為一百零八個煩惱而一直造下罪惡的全人類，都稱為「惡人」。

因此，《歎異抄》裡所說的惡人，和人們一般所說的觸犯了法律、或是違背了倫理道德的惡人，含義是完全不同的。

這指的是從可以看穿人心深處的佛眼中看到的惡人。

肉眼、放大鏡、顯微鏡，哪一個看到的是最真實的狀態？

法律、道德倫理與佛眼之間的區別，就像是肉眼、放大鏡和電子顯微鏡的區別。

雖然看的是同一個人的手掌，但是用肉眼或是放大鏡看的時候，和用電子顯微鏡看的時候，差異會大到令人懷疑是否是同一個人的手。

肉眼看上去覺得乾淨細緻的手掌，用放大鏡來看，就會發現一些令人在意的粗糙之處，但如果用電子顯微鏡來看的話，又會是怎樣的呢？

可能會大吃一驚：「怎麼全都是細菌和病毒！」

那麼，肉眼、放大鏡和電子顯微鏡中，哪一個看到的是手掌最真實的狀態呢？

當然是電子顯微鏡。

同樣的道理，用法律裁決，就像是用肉眼來看的狀態；從倫理道德的觀點評判，就像是用放大鏡來看的狀態；而從佛眼裡看到的人的實相，則是用電子顯微鏡照出來的狀態。

佛，也被稱為「見、聞、知」的存在。

即使是我們很有自信以為不會被別人看到的事情，佛也都能看到（見）；即使是我們在背後用最小的聲音說的話，佛也都能聽到（聞）；即使是我們心中最隱密的念頭，佛也全部都能知道（知）。像這樣，佛可以看穿我們的全部。

那麼，從這樣明察秋毫的佛眼來看，我們人是怎樣的存在呢？得知了佛眼所見的真實的自己，親鸞聖人這樣告白說：「我曾自負地以為自己是個善人，但是其實再也沒有比我更壞的惡人了。」

人到死為止都是煩惱具足的存在

親鸞聖人透過下面這段話告訴我們：「所謂人，從頭到腳都是由煩惱構成的，除了煩惱沒有其他。不僅欲望多到無窮無盡，也充滿了憤怒、瞋恨、嫉妒、怨恨的心。直到臨終的最後一個瞬間，這些煩惱都不會平息、不會消失、也不會斷絕。」

所謂「凡夫」，無明煩惱溢滿我等之身，欲亦多、瞋怒嫉妒之心多而無間斷，直至臨終一念，不止不消不絕。

（親鸞聖人）

親鸞聖人就是把這到死為止都不會消失的煩惱，比喻成無法治癒的難治之症。古今中外的所有人，都是因為這到死都不會消失的煩惱而煩悶、苦惱，由此造下罪惡而痛苦。

那麼，我們難道就只能這樣一直痛苦到死，永遠都得不到幸福了嗎？

親鸞聖人教導說，我們的痛苦可以分為「痛苦的根本」和「痛苦的枝葉」這兩種。

只要痛苦的根本還沒有斬斷，枝葉就會一直困擾我們。

而一旦斬斷了痛苦的根本，枝葉就再也不會成為問題了。

親鸞聖人教導我們，煩惱只是痛苦的枝葉，並不是痛苦的根本。

那麼，痛苦的根本是什麼呢？那就是親鸞聖人所說的另一個難治之症。而這個難治之症，在我們活著的時候是能夠徹底治癒的。

能夠治癒的難治之症——「對死後黑暗之心」

親鸞聖人明確告訴我們，古今中外，所有人痛苦的根源，就是「無明業障之病」（不知道死了以後會怎樣的「對死後黑暗之心」）。

雖然這個無明業障之病，是讓所有人的人生都充滿痛苦的最為可怕的難治之症，但是親鸞聖人告訴我們，它和到死為止都無法治癒的一百零八個煩惱有著根本性的不同，那就是在我們活著的現在能夠徹底治癒。

無論是誰，都討厭死亡。

對於「死了以後會怎樣」這類問題，我們連想像都不願去想像。在生活中都是摀住耳朵，既不去聽也不去想關於死亡的事情。

大概是因為一聽到「四」就會聯想到「死」，所以有的醫院裡沒有四號病房，有些電梯甚至會跳過「四」這個數字，把四樓直接設成五樓的按鈕。

可見人們有多麼想迴避死亡這個問題。

正是因為直接面對死亡太過可怕，所以人們才會將其替換成疾病、環境等與生存相關的課題，致力於解決這些問題，不是嗎？

其實，所謂懼怕核子戰爭、害怕地震、不想得癌症……歸根結柢，也是因為這些都與死亡相關吧。

德國哲學家田力克在《存在的勇氣》中這樣寫道：哪怕只是一個瞬間，人也無法忍受死亡本身「赤裸裸的不安」。

然而，實際上，我們每天又是在朝著什麼方向前進呢？

人生就像是一條有去無回的單行道。

從我們出生開始，年齡就在不斷地增長。即使拚命想辦法對抗衰老，也不過就是

● 痛苦的根源，
是「對死後黑暗之心」

難治之症

- 1.煩惱（無法治癒）—— 枝葉
- 2.對死後黑暗之心（能治癒）—— 根幹

煩惱是痛苦的枝葉，不是根幹。

痛苦的根源，

是「對死後黑暗之心」。

讓自己看起來年輕一點而已。

能夠無病無災、健康長壽，固然是令人高興的事情，但是我們既不可能一直停留在現在的年齡，也不可能返老還童，回到孩提時代。

「光陰似箭」，時光像飛一般流逝。早上才剛剛起床，轉眼間就已經到了晚上。而且，隨著年齡的增長，會感覺時間流逝的速度越來越快。很多人都應該有這種切身的感受吧。

我們就像是一輛剎車失靈的汽車，正在以飛快的速度不停地狂奔，而前進的方向就是死亡。

日本室町時代的禪僧一休（一三九四—一四八一）曾經說過，元旦就是「前往冥土路上的里程碑」。

「冥土」是指死後的世界。人生就是前往冥土的旅程，度過了一年，就意味著朝死亡又前進了一大步。

雖然說，古今中外，有多少人存在，就會有多少種人生旅程，但是所有這些人生旅程共通的是——它們百分之百都通向死亡。

死亡是粗暴無禮的不速之客

死亡，不僅是所有人確鑿無疑的未來，而且還是個毫無禮貌的不速之客，不知道什麼時候就會突然到來。

佛教中有一個詞，叫做「老少不定」。就是說，關於死亡，並非一定就是年紀大的人（老）先死去，年紀小的人（少）後死去。

與癌症搏鬥了十年後離世的岸本英夫（東京大學宗教學教授）在他的抗癌手記中說，死亡就像是一場突然襲來的暴力：

「可以說，死亡總是突然降臨。不論它什麼時候降臨，當事人總會覺得十分突然。因為在完全放心生活的心態下，對死亡沒有絲毫的心理準備。（中略）

「在不應該來臨的時候，死亡突然來臨；在不應該來臨的地方，死亡大搖大擺地來臨。猶如一個無法無天的人連鞋都不脫，毫無禮貌地闖進剛剛打掃乾淨的客廳。他是那麼蠻橫無理，叫他稍等一會兒，他也毫不理會。這是人的力量根本無法制止、無法控制的一頭怪物。[*5]」

儘管死亡是所有人確定無疑的未來，是會突然到來的嚴峻現實，卻極少有人認真地思考這件事情。

雖然在親朋好友或是自己認識的人死去時，也會有不得不思考死亡的時候，但那只是暫時性的，很快就會在日常生活的忙碌中被拋到腦後。

上學的人，會忙於學習；上班的人，會忙於工作；有孩子的人，會忙於養育孩子。

除此之外，還有自己的興趣愛好、休閒娛樂，以及參加社區活動、為社會做貢獻等等。忙碌的原因雖然各有不同，但每個人都為了應對眼前的事情就已經耗盡了心力。

「忙」這個字，拆開來寫是「心亡（丟失了心）」。像這樣，在日常的忙碌中，我們很容易連「每天活著是在朝哪裡前進？」這個最重要的問題，都忘得一乾二淨。

然而，不管我們遺忘得多麼徹底，總有一天，被我們忘記的「那個傢伙」會突然出現。

如果被醫生告知「你已經是癌症晚期……」

身體健康的時候，人們會說：「死亡是永久的休息」「是長眠」「沒什麼可怕的」，就好像與自己無關一樣，把死亡想得很簡單。然而，死亡既不會永遠只是別人的事情，也不是未來才會發生的事情。必定會在某一天，成為「我」必須面對的迫在眉睫的問題。

如果被醫生告知「你已經是癌症晚期，最多只能再活一個月」的話，會怎麼樣呢？

前面提到的岸本英夫教授說：到了這個時候，唯有「死後將會如何」，才是唯一重大的問題。

在岸本教授留下的手記中，記載了他與癌症搏鬥、直面死亡的慘烈歷程。

「仔細想想，生命終結究竟是怎麼一回事呢？不言而喻，這是人的肉體生命的結束。呼吸停止，心臟停止跳動。（中略）

「但是，構成人這個生命體的不僅僅是單純的生理意義上的肉體，至少在活著的時候，人還是精神上的個體。這是常識。在活著的時候，具有『自我』這個意識，存在著『我』這個自我。於是，問題就聚焦到死後『自我』將會如何這一點上。對於人來說，這會成為非常大的問題[*5]。」

有人嘴上堅持說「人死了，就什麼都沒有了」，但是他在親戚朋友去世的時候，也會到「靈前」去祭拜，為死者祈禱「冥福」。

「靈前」是指在死者的靈魂面前，「冥福」是指死者在冥土（死後的世界）的幸福，都是以死後世界的存在為前提的。

有的人甚至還會流著眼淚對死者說，「請你好好地在地下安息吧」，等等。

每年，我們都會給逝去的親人掃墓、祭祀，告慰祖先。

對於幸福的人，我們通常不會給予安慰，因為沒有這個必要。如果不是承認死者的靈魂存在，並且認為他們需要安慰，就不會舉行這些儀式。

一邊否定死後的世界，一邊卻又為死者祈禱死後的幸福。我們的心底，其實是無法徹底否定死後世界的存在，才會出現這種矛盾的言行吧。

如果有人笑著辯解說「這些都不過是習俗而已」，那肯定是因為他還沒有體會過失去至親至愛的痛苦，還處於短暫的幸福中。

死後的世界到底是存在，還是不存在？死後究竟會怎樣？我們對此一無所知。

事實上，對於死後這個未來，我們的心裡完全是一片黑暗的狀態。

說到這裡，似乎能聽到有人冷笑說：「死後會怎麼樣，要等死了以後才知道，別盡想這種無聊的問題。」

但是，人們卻普遍在擔心那些根本不知道是否會發生的事情，比如說火災或是老後的生活，不是嗎？

大多數人一輩子都不會遇到火災，然而人們還是會加入火災保險以防萬一。

如果年紀輕輕就死去了，也不會存在安度晚年的問題，然而人們還是在為自己老後的生活拚命儲蓄。

似乎沒有人會說：「老後會怎麼樣，要等老了以後才知道。別盡想這種無聊的問題。」

為了火災、老年等未必會發生的問題做萬全的準備，卻對死後這個將來必定會發生的重大問題視而不見，這難道不是自相矛盾嗎？

「但是想這些又有什麼用啊？」「到時候再說吧。」「要是成天想這種事，就活不下去了。」「正是因為必定會死，現在才要努力活著啊。」對於死亡，人們似乎已經放棄了思考。

死亡是如此地令人難以正視。在死亡面前，難道人就只能「絕望放棄」，或是「毫無意義的垂死掙扎」嗎？

如果未來是黑暗的，現在就無法變得光明

親鸞聖人將這種「不知道死後會怎樣的心」，稱為「無明業障之病」，忠告我們說，這是所有人都罹患的最為可怕的難治之症。

那麼，為什麼親鸞聖人會教導我們，無明業障之病（對死後黑暗之心）是古今中外所有人痛苦的根源呢？

讓我們思考一下，如果未來是黑暗的，現在會怎麼樣呢？

比如說，三天後即將面臨重要考試的學生，現在就會感到心情黯淡；五天後將要

對死後黑暗之心 ＝ 無明業障之病 ＝ 能夠治癒的難治之症

能夠治癒的難治之症是「對死後黑暗之心」。
佛教稱之為「無明業障之病」。
這個難治之症在活著的時候就能夠痊癒。

動大手術的患者，現在就已經無法安然度日。

如果未來是黑暗的，現在也就變得黑暗。

讓我們再想像一下，乘坐在被告知即將墜毀的飛機裡的乘客，會是什麼樣的心情。

應該是吃任何飯菜都食之無味，看任何喜劇影片都笑不出來吧。這樣的空中旅行別說舒適愉快，簡直就是心驚膽顫、驚慌失措，恐怕還有人會哭泣叫喊。

在這種情況下，乘客痛苦的根源固然是即將發生的墜機事故，但其實，不僅墜機的瞬間是可怕的，朝向悲慘結局飛行的過程本身就是痛苦的地獄。

如果未來黑暗，現在也就變得黑暗；而現在之所以黑暗，正是因為未來黑暗。

關於未來的黑暗，可能會有各種情況：對自己老後生活的不安，對火災或自然災害的擔心，對意外事故或是疾病的不安等等。但是所有人共通的未來，就是死亡。

如果對這個確定無疑的未來一無所知，也就是「對死後黑暗之心」這個疾病沒有痊癒的話，即使想要構築光明的現在，也是絕對不可能做到的。

● 現在和未來的關係

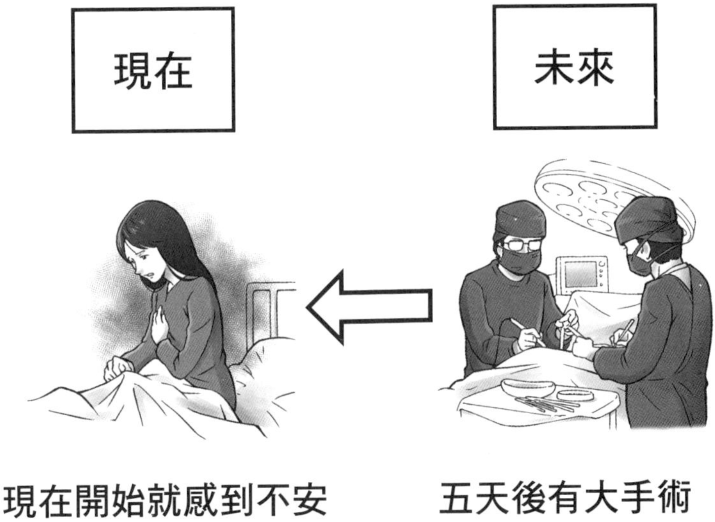

如果未來黑暗，現在也就變得黑暗。
未來對我們的心有決定性的影響。
只要未來還是黑暗的，
現在就不可能從心底感到快樂。

驚駭於死亡的托爾斯泰

俄羅斯的文豪托爾斯泰，在將近五十歲的時候意識到了這個問題。也許今天或者明天，自己就有可能死去，又怎麼能安心快樂地活著呢？他驚駭到甚至無法工作。

「我只是驚訝，對這樣的事為什麼當初無法理解？這種事不是自古以來人人皆知的嗎？

「如果今天抑或明天，疾病、死亡降臨在我所愛的人或是我自己頭上（其實以前就曾有過），除了死的腐臭和蛆蟲，不會留下任何別的東西。我的工作，不管取得多麼輝煌的成就，遲早都會被人忘得一乾二淨，我也將會死去。既然如此，為什麼還要辛辛苦苦地活著呢？人們竟然察覺不到這一點！——這實在令人震驚！沉醉在甜蜜生活之中的時候，也許還能活下去，但一旦清醒過來，就會發現這一切都是欺騙，而且是愚蠢的欺騙[*6]。」

摯愛的親人，也終有一天要面對這黑暗的死亡。一想到這些，曾視為人生意義的家庭、藝術等生活中的甜蜜也全都變得淡然無味。

托爾斯泰身為作家的創作生涯一帆風順，但當他凝視所有人確定無疑的未來——死亡的時候，他的世界就破裂成無數的碎片，一切都失去了光芒。

「死後將會怎樣？」這種對於即將進入未知世界的深不見底的不安，如果不透過什麼方法掩飾、欺瞞，我們就無法活下去。

可以說，只要「對死後黑暗之心」這個疾病沒有治癒，所謂文化的發展、文明的進步，都只不過是為掩飾這種不安所做的改變而已。

但是，這樣的欺騙不可能長久，也不會對問題的解決有任何幫助。

所以，我們的人生才會充滿不安，無論得到什麼都只是剎那間的快樂，無法感受到發自心底的安心和滿足。

親鸞聖人出家，也是因為震驚於這個事實

親鸞聖人開始追求佛法，也是因為震驚於「對死後黑暗之心」這個疾病。

距今大約八百五十年前的平安時代末期，親鸞聖人出生於日本的京都，父親名為藤原有範，母親被稱為吉光夫人。親鸞聖人深受父母的疼愛，卻在四歲時失去了父親，八歲時母親也與世長辭。

接下來就要輪到自己了！震驚於死亡的現實，親鸞聖人開始思考「死後將會怎樣」「此世的生命結束後，將會去往哪裡」。

死後的世界究竟是存在，還是不存在？死後到底會怎樣？自己對此一無所知，未來一片黑暗。

為了解決「不知道死後會怎樣」這個問題、治癒「對死後黑暗之心」的疾病，親鸞聖人九歲的時候決意出家，進入佛門。

在當時，因為僧侶的地位相當於國家公務員，屬於精英階層，所以很多人都是為了追求地位才剃髮出家的。但是親鸞聖人出家的動機，卻只是為了解決「對死後黑暗之心」這個疾病，除此以外沒有其他。

九歲那年的春天，親鸞聖人由伯父藤原範綱陪同，拜訪了青蓮院（現京都市東山區），提出了出家的請求。

青蓮院雖然在當天就接受了他的請求，但是剃度儀式卻要在隔日才能舉行。親鸞聖人聽到後，立刻拿起旁邊的筆墨，寫下了一首詩。

「櫻花雖易逝，猶信明日在。
焉知夜半裡，風雨會否來。」
（沉醉於還會有明天的幻想中時，
無常的殺手已悄然襲來。）

「雖然心中期待著明天還能看到櫻花繼續綻放枝頭，但是只要夜裡有一陣風雨吹過，櫻花就會立刻落滿地，使期望落空。

如果『我們還會有明天』這件事是確定無疑的話，就不會有任何人死去了。人的生命，比櫻花還要無常。我的明天，說不定不會到來。

所以無論如何，請讓我今天就出家吧。」

透過這首詩，親鸞聖人表達了自己想要儘快接受剃度、進入佛門的急切心情。

據說青蓮院的僧侶對此大為感歎，當天就為聖人舉行了出家儀式。

像這樣，親鸞聖人急於追求佛道，也是因為沒有比「對死後黑暗之心」這個疾病更急需治療的難治之症了。

儘管這個「對死後黑暗之心」的疾病，是古今中外所有人都罹患的難治之症，卻是依靠醫學、哲學、文學、政治、經濟、科學等人類的力量完全無法治癒的疾病。所以在前面的譬喻中，被比喻為「所有的醫生都放棄了治療」。

然而，《歎異抄》裡卻明確告訴我們，這個名為「對死後黑暗之心」的難治之症，依靠大宇宙中唯一的名醫製造出來的特效藥，是能夠在我們活著的時候徹底痊癒的。

第二章 名醫的介紹人——釋迦牟尼佛

難治之症的患者——所有人

↓

名醫的介紹人

↓

名醫

↓

特效藥 ← 痊癒 ← 道謝

有助於理解《歎異抄》全貌的譬喻故事，第二個要點。

❷ 出現了一位介紹人，將世界上唯一一位名醫的存在告訴了患者。

將「全世界唯一一位名醫的存在」告訴患者的介紹人，就是「釋迦牟尼佛」。所有人都因患有「對死後黑暗之心」這個疾病而痛苦。而將能治療這個疾病的名醫介紹給我們的，唯有講說了佛教的釋迦牟尼佛一人。

追求「超越生老病死」之路的釋迦牟尼佛

釋迦牟尼佛出生於大約兩千六百年前。他是印度迦毗羅衛城的國王淨飯王和王后摩耶夫人的長子，小時候被稱為悉達多太子。

悉達多太子天生聰慧過人。對此，有一個很有名的軼事。據說，太子曾跟隨國內最優秀的兩位老師學習學問和武藝，但是這兩位老師不久就提出了辭呈，告罪說「已經沒有什麼本領可以教給太子了」。

太子從少年時代就沉著冷靜、思慮深遠。有一天，他看到鳥兒啄食蟲子，得知了這個世界弱肉強食的真相，對於不犧牲其他生命就無法存活的現實，產生了深深的疑問。

之後，太子又在離城出遊的時候，親眼目睹了老人、病人和死人的存在。因為在王宮裡，這些現實的黑暗面都會被掩藏起來，不讓太子看到。太子由此第一次得知了自己也將面臨的未來，受到了很大的打擊。

不管現在多麼健康，擁有多少財產、地位、名譽、才能，最終都會因為衰老、疾病和死亡，被這些幸福拋棄。

得知了無論什麼樣的幸福都不會長久，太子再也無法感到發自內心的安心和滿足。

回到宮殿後的一個夜晚，太子在半夜裡突然驚醒，看到了白天裝飾華麗、爭奇鬥豔的美女們歪七扭八、醜陋粗俗的睡相。不堪入目的醜態與白天端莊美麗的樣子完全判若兩人，這讓太子震驚不已，如夢初醒。

大概世間所有的快樂也都是如此，不過是一時的欺騙而已。太子意識到這一點，終於下定決心離開王宮，入山修行。當時太子二十九歲。

此後，為了追求真正的幸福，太子開始了極為艱苦的修行。他投身於從未有人嘗試過的苦行，六年後，終於在菩提樹下開悟了「佛」這一至高無上的覺位。

從三十五歲開悟佛覺，直到八十歲去世為止，釋迦牟尼佛在這四十五年間所講說的教義由弟子們記錄保存了下來，這就是所謂的佛經。佛經的數量高達七千多卷，在今天被稱為「一切經」。

「覺悟」有五十二個階位

佛教裡所說的「覺悟」，從低到高共有五十二個階位，被稱為覺悟的五十二位。

就像日本的相撲選手有很多級別，從低到高分別有「序之口」「幕下」「大關」「橫綱」等不同的名稱一樣，開悟的每個級別也都有其各自的名稱。

在佛教裡，把最高階位的第五十二位稱為「佛覺」，也叫做「無上覺」。只有開悟了「佛覺」的人，才能被稱為「佛」。

開悟了佛覺，就會證悟不可思議的真理。

我們一般說到真理，是指科學上的真理、數學上的真理等等。而佛教所說的真理，是指能讓所有人獲得真實幸福的真理。

證悟真理，可以用登山來比喻。比起海拔一百公尺高的地方，登上海拔五百公尺、一千公尺高的地方視野會更加開闊。爬得越高看得越遠，最終登上山頂的時候，四面八方的景色就能夠盡收眼底。同樣的道理，只有到達了佛覺，才能夠證悟幸福的全部真理。

所謂佛，指的就是到達了這個無上覺、證悟了幸福的全部真理的人。而在日本卻經常把死人稱為佛，這是極大的誤解。

到今天為止，在我們這個地球上，開悟了佛覺的人只有釋迦牟尼佛一位。也就是說，釋迦之前無佛，釋迦之後迄今為止，也再無佛出現。

一般我們聽到說「釋迦牟尼世尊」，或是「佛陀」等等，都是指釋迦牟尼佛。在《歎異抄》裡，將其稱為「釋尊」。

世界文化史的權威、科幻小說的巨匠——H．G．威爾斯（Herbert George Wells）曾經說過：「公平而論，無論從哪個方面來說，世界上最偉大的人都非釋迦牟尼佛莫屬。」

而德國宗教學家弗里德里希．席勒（Friedrich Heiler）在研究了所有宗教之後，也盛讚說：「釋迦佛陀，是世界上最偉大的宗教家，是世界之光。」

兩千六百年前的宇宙觀

彌勒菩薩是佛經中經常提及的一位菩薩，他是繼釋迦牟尼佛之後下一位將要成佛

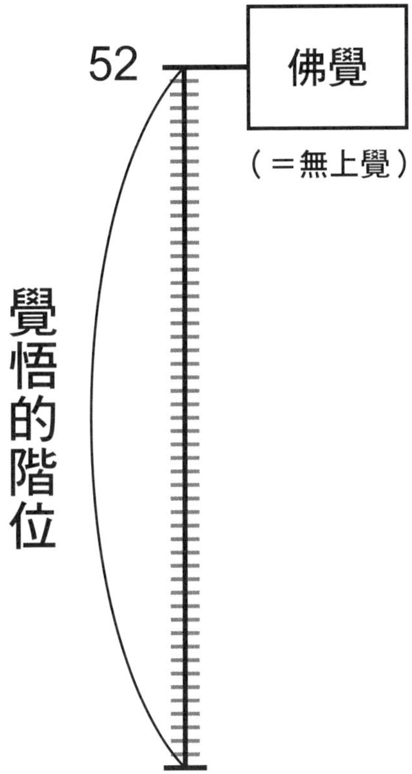

「覺悟的五十二位」的最高位是佛覺。
只有到達這個覺位的人，才被稱為佛。

之人。而據佛經記載，雖然彌勒菩薩已經到達了第五十一個階位「等覺」，但是要再開悟最後一個階位到達佛覺，還需要花上五十六億七千萬年的時間。

據說，覺悟相差一段，在智慧上的差別就如同人與蟲蟻之間的差別。

古語說，「夏蟬不知春秋。」只有在夏天才爬到地上生活的蟬，即使跟牠講春天和秋天的事情，牠也完全不會明白。

更何況去跟牠講，「到了冬天會降下『雪』這種東西」，牠就更感到莫名其妙了。

像這樣，覺悟僅相差一段，智慧的差別就如同人與蟬的差距，更何況我們與相差了五十二個階位的佛相比，在智慧上當然會有天壤之別。

在佛教裡，把人稱為「凡夫」，所以人的智慧叫做「凡智」，而佛的智慧被稱為「佛智」。

證悟了佛智的釋迦牟尼佛告訴我們，大宇宙中存在著無數個像地球一樣的世界。

晴朗的夜晚，我們仰望天空，會看到滿天燦爛的星斗。

我們所居住的地球，只是太陽系中的一顆星球，太陽系中還有水星、金星、火星、木星等行星，都是以太陽為中心在旋轉的。

今天的天文學告訴我們，大約兩千億個這樣的太陽系集結在一起構成的星系，叫做銀河系，而銀河系這樣的星系在大宇宙中有一千億個以上。

釋迦牟尼佛也在佛經中，將一千個像地球這樣的世界的集合稱為「小千世界」；將一千個小千世界的集合稱為「中千世界」；將一千個中千世界的集合稱為「大千世界」。釋迦牟尼佛把這些世界統括在一起，稱之為「三千大千世界」。

在科學家哥白尼（一四七三—一五四三）倡導地動說的時候，全世界都還在相信天動說。

而釋迦牟尼佛早在兩千多年前，就已經講說了這樣的宇宙觀，真是令人驚嘆不已。

那麼，釋迦牟尼佛為我們介紹的唯一一位名醫，又是誰呢？

第三章 名醫——阿彌陀佛

難治之症的患者——所有人

←

名醫的介紹人——釋迦牟尼佛

←

名醫

←

特效藥 ← 痊癒 ← 道謝

有助於理解《歎異抄》全貌的譬喻故事，第三個要點。

❸ 名醫發誓說：「如果不能查明這個得了難治之症的患者痛苦的根源，並徹底治好他的話，我就捨棄自己的生命。」

釋迦牟尼佛以佛智告訴我們，大宇宙中存在著無數個像地球一樣的世界。並且還明確指出，在這些世界裡，也都各自有佛存在（就像地球上出現釋迦牟尼佛一樣）。

釋迦牟尼佛將這些大宇宙中不計其數的佛稱為「十方諸佛」。十方，指的是大宇宙。諸佛，就是眾多的佛。

因為佛也被稱為「如來」（比如說大日佛也稱大日如來，指的是同一位佛），所以我們常常聽到的大日如來、藥師如來等等也都是「諸佛」中的一員。

而在我們這個地球上，只出現過一位佛，那就是釋迦牟尼佛。釋迦牟尼佛也被稱為「釋迦如來」或是「釋尊」。

名醫指的是彌陀

釋尊以及十方諸佛全都尊為老師的佛，就是「彌陀」。彌陀也被稱為「阿彌陀佛」或是「阿彌陀如來」。

釋尊介紹給我們的唯一一位名醫，就是這位彌陀。

彌陀是大宇宙諸佛的老師，諸佛全都是彌陀的弟子。出現在地球上的釋迦牟尼佛也是大宇宙諸佛之一，所以也尊彌陀為師，是彌陀的弟子。

以上這些，都是釋尊透過「佛佛相念」「唯佛與佛的知見」所得知，並且為我們講說的內容。

佛佛相念就是說，唯有佛與佛之間是相通的。唯佛與佛的知見，意思是「唯有佛與佛才知道的世界」。

為什麼釋尊和大宇宙中的諸佛都尊敬彌陀，將其稱為自己的老師呢？那是因為「彌陀的本願」極為殊勝，無與倫比。

彌陀的本願，也叫做「彌陀的誓願」，就是指「彌陀的誓言」。

那麼，「彌陀的誓言」到底是什麼地方如此殊勝呢？

釋尊終其一生講說的「彌陀誓願」

其實，十方諸佛都曾經千方百計地想要拯救痛苦的人們，但是因為所有人都是罪惡太過深重、煩惱極為旺盛的惡人，完全沒辦法拯救，所以就無可奈何地放棄了。

對於這樣的我們，唯有阿彌陀佛一佛豁出生命發下了誓言：「真是太可憐了，我彌陀無論如何都一定要拯救你們，請全都交給我吧。」這就是彌陀的誓願。

如前所述，十方諸佛也都有想要拯救我們的心（慈悲），這是毋庸置疑的。只是因為我們的罪惡太過深重，靠諸佛的力量（智慧）實在無法拯救，所以萬不得已只能放棄了。

不管想拯救的心（慈悲）多麼強烈，如果沒有拯救的能力（智慧）就無法拯救。

雖然所有的佛都兼具智慧與慈悲，但是彌陀的智慧遠超諸佛，是十方諸佛都望塵莫及的，所以彌陀的別名也叫做「智慧光佛」（智慧殊勝之佛）。

因此，對於十方諸佛流著眼淚不得不放棄的難治之症的患者，唯有彌陀一佛挺身

●「阿彌陀佛」和「十方諸佛」的關係

師父	阿彌陀佛（彌陀）
弟子	十方的諸佛

釋迦牟尼佛	淨光佛
藥師佛	焰肩佛
大日佛	最勝音佛
毘盧遮那佛	難沮佛
須彌相佛	日生佛
大須彌佛	網明佛
須彌光佛	師子佛
妙音佛	名聞佛
日月燈佛	名光佛
名聞光佛	達摩佛
大焰肩佛	法幢佛
須彌燈佛	持法佛
無量精進佛	梵音佛
無量相佛	宿王佛
無量幢佛	香上佛
大光佛	……
大明佛	……
寶相佛	……

釋迦牟尼佛說，大宇宙中存在著數不清的佛，

如同恆河中的沙粒一般。

這些十方諸佛的老師就是阿彌陀佛。

而出，說「我來拯救」。

前面講過，譬喻故事中所說的「有一個得了難治之症的患者，被所有的醫生都拋棄了」，這是在比喻我們所罹患的難治之症，依靠政治、經濟、科學、醫學、哲學、文學等人類的力量是完全無法救治的。

但實際上，這個比喻真正要表達的事情是，我們所患的難治之症不僅依靠人的力量無法救治，甚至連大宇宙諸佛都對其無能為力，最終只能放棄。

因此，釋尊才將唯一一位能夠救治全人類的難治之症的名醫——彌陀介紹給我們，並且終其一生，只講說了彌陀的誓願這一件事情。

所以，記載了親鸞聖人教義的《歎異抄》，當然也是除了彌陀的誓願以外沒有講說其他內容。

在涵括了《歎異抄》全書十八章內容的第一章中，第一個詞語就是「彌陀誓願」。在之後的內容裡，也反覆提到彌陀的誓願，稱之為「彌陀本願」「願」，或是「本願」。

《歎異抄》第一章

（原文）

信「被彌陀誓願不思議所拯救，必遂往生」，欲念佛之心發起之時，即獲攝取不捨之利益也。

應知彌陀本願，不簡老少善惡之人，唯以信心為要。

因其乃為拯救罪惡深重、煩惱熾盛眾生之願也。

故若信本願，則無需他善，因無有勝於念佛之善故；惡亦不需懼，因無有障礙彌陀本願之惡也。云云。

（框起來的部分指的都是「彌陀的誓願」）

（釋義）

阿彌陀如來發誓「要救度一切眾生」，被這不可思議的彌陀誓願所拯救，成為無疑可往生彌陀淨土之身，生起想要念佛之心的時候，即獲得「攝取不捨」這絕對的幸福。

彌陀的救度，不分年老年少，也不問善人惡人，對所有人沒有絲毫差別。然而必須知道，有一個唯一的必要，那就是對佛願無有疑心的「信心」。

那麼，為什麼惡人也只要信本願就能得到救度呢？

那是因為，阿彌陀佛立下本願的真意，正是為了拯救煩惱無比熾烈、罪惡最為深重的極惡之人。

因此，如果被彌陀本願所救攝，則無需一切之善。因為沒有任何善，比彌陀所賜予的念佛更為殊勝。

而且，無論造下什麼樣的罪惡，也不會再有絲毫的恐懼與不安。因為沒有任何惡，是彌陀本願所不能救攝的。

親鸞聖人如是說。

所有這些詞語，指的都是「彌陀的誓言」，只是換了一種說法而已。任何「誓言」，都必定有其發誓的對象。

不管是金錢借貸方面的誓約，還是結婚典禮上的誓言，都是有限定的對象。不會對任何人都「許諾」「發誓」。

但是「彌陀的誓言」，卻是不分人種、性別、年齡、貧富、能力等等，面對所有人發下的誓言。

親鸞聖人吃葷娶妻的原因

親鸞聖人之所以會「吃葷娶妻」，也正是為了闡明這個以所有人為對象的彌陀誓言。吃葷，就是吃魚、肉等葷食。娶妻，就是結婚的意思。

身為僧侶卻公然結婚，親鸞聖人這個破天荒的舉動，在小說和電影中也常常被當做故事裡的高潮部分。

日本小說家夏目漱石對於親鸞聖人吃葷娶妻，有過這樣的論述：

「在那個時代，（中略）不僅公開宣佈要吃葷娶妻，而且還付諸行動——這樣的事情你做做看，不知會受到多少迫害攻擊。

「親鸞上人從一開始就有著非比尋常的思想、非比尋常的力量。如果根底裡沒有非比尋常的強大思想做基礎，不可能進行那樣大的改革[*7]。」

對於親鸞聖人吃葷娶妻，夏目漱石連用了三個「非比尋常」——「非比尋常的思想、非比尋常的力量、根底裡非比尋常的強大思想」表達了他的驚嘆。

由此也可以知道，親鸞聖人實行的是何等巨大的改革了。

僧侶吃葷娶妻，在今天的日本雖然已經成為理所當然的事情，但是在當時的佛教界卻是被嚴厲禁止的行為。

以天台宗、真言宗為中心的日本平安時代的佛教，是要人們脫離世俗、進入到比叡山或高野山等深山裡修行的佛教，為此制定了很多清規戒律。

這種佛教也被稱為「山上的佛教」，以狩獵或捕魚為生的人、持有刀劍的人、身分卑賤的人都被禁止入山。除此之外還有「女人禁制」，也就是說，連女性也不可以進入山裡。

而且在當時，僧侶不近女色是常識，僧侶公然結婚，這不僅在佛教界，在一般世俗社會也會被視為大問題。

因此，京都城內一片譁然。親鸞聖人被罵作「墮落和尚」「花和尚」「破戒僧」「破壞佛教的惡魔」等等，各種誹謗、中傷從四面八方向聖人襲來。

甚至還有人拿著石頭、木棒暴力攻擊聖人，或是用長槍、大刀來威脅聖人。

為什麼即使冒著這樣的危險，親鸞聖人也要公然吃葷娶妻呢？

這絕不是單純只為了戀愛的情感，也不是為了追求人性的自由和解放。

親鸞聖人的舉動，完全是為了闡明無論出家（僧侶）、在家（世俗之人），都會一視同仁地予以拯救的彌陀誓願（誓言）。可以說，這是聖人豁出生命弘法的一環。

彌陀誓願——讓我們清楚得知死後會怎樣

那麼，彌陀以所有人為對象，發下了怎樣的誓言呢？

簡單來說，就是「無論什麼樣的極惡之人，都必定拯救，使其得到『信樂』」的誓言。

彌陀發誓，「如果做不到就捨棄自己的生命」，所以這可謂是彌陀豁出生命發下的誓言。

那麼，「使其得到信樂」又是什麼意思呢？

「信樂」在佛教中讀作「ㄒㄧㄣˋ ㄧㄠˋ（音同「耀」）」，雖然只有兩個字，卻是表達「彌陀誓言」關鍵的極為重要的詞語。

首先，信樂的「信」，是「徹底治癒『對死後黑暗之心』的疾病，使我們變成光明之心」的意思。

所謂「徹底治癒『對死後黑暗之心』的疾病，使我們變成光明之心」，意思就是「讓我們清楚得知死後會怎樣」。

我們連下一秒鐘會發生什麼都不知道，當然會覺得「讓我們清楚得知死後會怎樣」是不可能做到的事情。

不僅如此，還會產生這樣的疑問：「讓我們清楚得知死後會怎樣」，到底是怎樣清楚得知呢？

關於這個問題，將會在第四章中詳述。

而且，彌陀還發誓說，要於「一念」讓我們清楚得知死後會怎樣。「一念」，就是比一秒鐘的幾兆分之一還要短的時間的極限。

即使是肉體的疾病，到完全治癒也需要時間。疾病會逐漸好轉，在不知不覺間痊癒。然而，「對死後黑暗之心」這個疾病卻會於一念痊癒，這完全超乎我們的想像。

而彌陀之所以會發誓於一念拯救，是出於「即使對一秒鐘後就會死去的瀕死之人，也要毫無遺漏地予以拯救」的大慈悲心。

彌陀誓願——被牢牢救攝、絕對不會被捨棄的幸福

接下來，信樂的「樂」，是給予「攝取不捨之利益」，使我們得到無上幸福的意思。

「攝取不捨之利益」出現在《歎異抄》第一章的開篇，是非常有名的詞語。「攝取不捨」，意思是「攝取而不捨棄」。「利益」就是指「幸福」。所謂攝取不捨之利益，是指「被牢牢地救攝、永遠不會被捨棄的幸福」。這是任何幸福都無法與之相比的、至高無上的幸福。

仔細想想，我們的心裡是不是總是在戰戰兢兢，害怕自己被健康、孩子、戀人、朋友、公司、金錢財產、名譽地位拋棄呢？

我們一直都生活在不安之中，擔心現在所擁有的幸福會拋棄自己。

這大概是因為，我們的心底其實清楚地感受到：以為已牢牢抓住的快樂，不過是

黃粱一夢；相信已握在手中的幸福，也不過是夢幻泡影，就像煙花一樣無常易逝。

即使現在擁有的幸福會暫時持續，被所有一切拋棄的時刻也必將到來。

蓮如上人，這位在室町時代（一三三六—一五七三）將親鸞聖人的教義正確傳達到日本各地的善知識向我們敲響了警鐘：「迄今為止一直依賴的妻、子、財寶，在我們將要死去的時候，沒有一個可以依靠。

「我們會被所有的一切拋棄，不得不孤身一人離開人世，赤裸裸地踏上暗黑的旅途。再沒有比這更加重大的事情了。」

人，為什麼活著？——《歎異抄》為我們揭示了答案

盛開的鮮花，終有凋落的時候。一旦站在死亡的邊緣，曾經不惜一切聚斂而來的財富、名譽、地位，全都會離我而去，不得不獨自一人離開這個世界。

還有比這更不幸的事情嗎？

面對走向如此巨大悲劇的人類，明確指出了無上幸福儼然存在的，正是《歎異

●信　樂

信 ＝ 給予不變的
大安心

樂 ＝ 給予不變的
大滿足

阿彌陀佛發誓，
要讓所有人都獲得「信樂」
這無上的幸福。

抄》。

如上所述，信樂就是「對死後黑暗之心」這個疾病得以痊癒的大安心（信），和被拯救為無上幸福的大滿足（樂）。

獲得「攝取不捨之利益」，感受到「出生為人真是太好了！」「原來我就是為了得到這永不消失的幸福而活著的！」——這樣光輝燦爛的幸福，才是所有人追求的幸福，才是人生的終極目的。

因為這個要讓我們得到信樂（無上的幸福）的彌陀誓願，是任何人都難以置信的誓言，所以親鸞聖人盛讚說，「唯是不可思議、不可說、不可稱信樂也」。意思就是，信樂是無法想像、無法說明、也無法解釋的，是用任何語言都無法形容的幸福。

在《歎異抄》裡，記載了親鸞聖人被彌陀誓願拯救後發自肺腑的告白：「我現在才明白，原來彌陀費盡千辛萬苦立下誓願，就是為了讓我親鸞得到信樂這無上的幸福！」

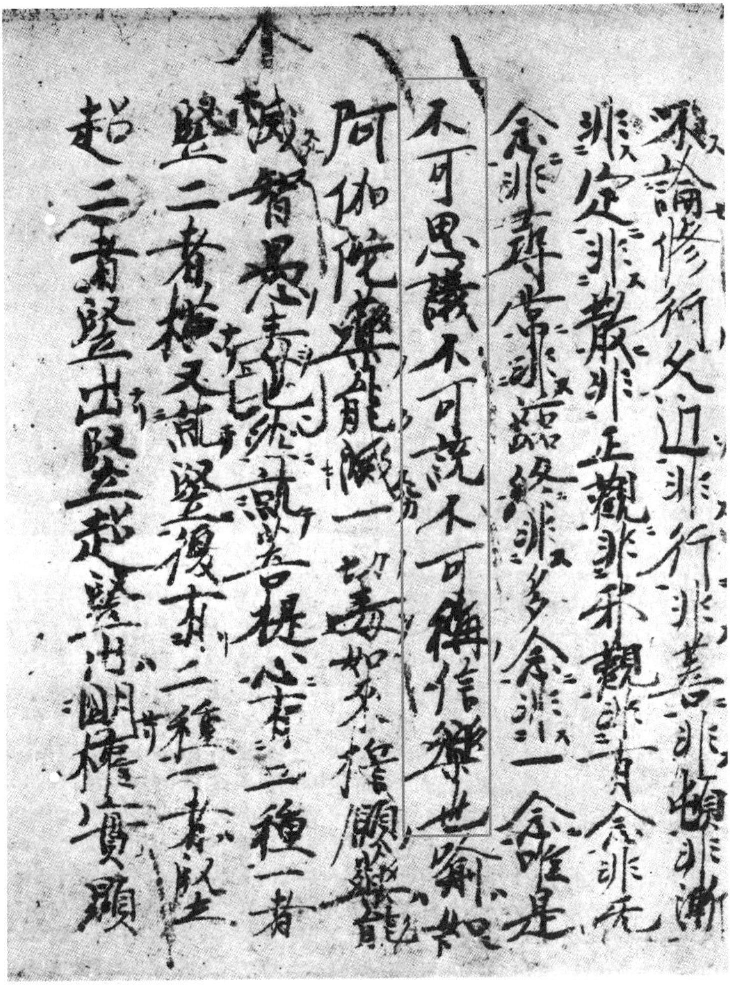

「不可思議、不可說、不可稱信樂也」——《教行信證》

信樂是無法想像、無法說明、也無法解釋的，

是用任何語言都無法形容的幸福。

第四章

特效藥——南無阿彌陀佛

難治之症的患者——所有人

←

名醫的介紹人——釋迦牟尼佛

←

名醫——阿彌陀佛

←

祖靈的女兒

排灣族女巫包惠玲Mamauwan的成巫之路，與守護部落的療癒力量

口述／包惠玲（嬷毛灣Mamauwan）
撰文／張菁芳
定價／460元

★要成為女巫，需要有特殊的能力和身分？還是有心就能學會？

★女巫究竟是怪力亂神？還是鞏固、療癒部落的中心支柱？

包惠玲自從小時候目睹父親溺水身亡，便發現自己具有容易感知及接收夢兆的靈媒體質。二〇〇七年達仁鄉公所破天荒地開辦了全台第一屆「女巫培訓班」，讓她開始了這條漫長的習巫之路……

背誦經文、繁雜的祭儀程序、被附身的恐懼皆讓包惠玲在這條學巫之路舉步維艱，但秉持著頭目本家的責任感，和看著部落面臨女巫短缺的困境，她終究還是接下首席女巫的大任。

延伸閱讀

風是我的母親
一位印第安薩滿巫醫的傳奇與智慧
定價／350元

祖先療癒
連結先人的愛與智慧，解決個人、家庭的生命困境，活出無數世代的美好富足！
定價／550元

大地之歌

── 全世界最受歡迎的獸醫，充滿歡笑與淚水的行醫故事【全新翻譯版本】

作者／吉米・哈利（James Herriot）　譯者／王翎　定價／680元

Amazon 4.8顆星 近18000則讀者好評激推！
英國影集《菜鳥獸醫日記》改編自本系列叢書

獸醫吉米・哈利，在書中描寫出約克郡鄉間神奇、令人難忘的世界，以及他的一群感人、有趣和悲慘的動物病人。深刻描寫出那年代鄉村農場中人類和動物間的情感，更用細膩卻又不失幽默的文筆寫出處理各種疾病和傷口的細節。

全然慈悲這樣的我

── 透過「認出」「容許」「觀察」「愛的滋養」四步驟練習，脫離自我否定的各種內心戲

作者／塔拉・布萊克（Tara Brach）　譯者／江涵芠　定價／550元

暢銷書《全然接受這樣的我》作者最新作品！
你必須愛自己才能療癒！
唯一能帶我回到「家」的道路，就是這條自我慈悲之道。

所謂活得忠於自己，意指帶著愛去生活、活在當下、真誠待人；此外，還有盡情地表現自己的創造力、相信自己的價值、做自己愛做的事，並且擁有力量超越自己的不安全感，去和糟糕的人際關係達成和解。

徒手氣血修復運動

── 教你輕鬆練上焦，調和肌肉與呼吸，修復運動傷害、遠離長新冠！

作者／李筱娟　定價／550元

強爆汗or微出汗 × 局部運動or全身動起來，
自由搭配的修復兼鍛鍊計畫！

針對上半身各個部位的局部運動，也有針對心肺的全身養生功法；有動作少、非常簡單，但卻有效衝高心跳的心肺運動；也有暢通氣血的穴位按摩和呼吸練習。讀者可以按書中步驟一步步學，也可以依照自身的身體狀況和時間地點來選擇動作，是非常自由、簡單，卻十分專業、有效的運動工具書！

人，為何而生？為何而活？人生的大哉問

—— 人為何而活？是你無法逃避的生命課題！

作者／高森顯徹 、明橋大二、伊藤健太郎
譯者／《人，為何而生，為何而活》翻譯組　定價／480元

日本經典長銷書，熱賣突破百萬！
佛教大師解答生命困惑，讓你重拾「生而為人」的喜悅。

唯有永遠不會崩潰的幸福才是人生的目的，而將此一教義之精髓在日本發揚光大的人，正是開創了淨土真宗的親鸞聖人，他說：「人生的目的不是錢財，也不是名譽或地位，而是斬斷人生苦惱的根源，得到『生而為人真好』的生命喜悅，活在未來永恆的幸福裡。」

蓮師法要

—— 揚唐仁波切教言選集（一）

作者／揚唐仁波切
譯者／卻札蔣措　定價／460元

揚唐仁波切的心中，總是有著滿滿的蓮師。

這是仁波切數十年傳法生涯當中，針對〈蓮師心咒〉內涵和功德利益所留下的唯一講授紀錄。這篇開示當中，說明了如何實際透過念誦〈蓮師心咒〉，來獲得加持、取得悉地，乃至去除疾疫、饑荒、戰亂和人與非人的危害。

一行禪師 佛雨灑下

—— 禪修《八大人覺經》《吉祥經》《蛇喻經》《中道因緣經》

作者／一行禪師
譯者／釋真士嚴、慧軍、劉珍　定價／380元

佛法並非一套哲學、真理，而是一項工具，
幫助我們捨離所有概念，讓心靈完全自由。

書中包含四部經文，分別是《八大人覺經》《吉祥經》《蛇喻經》和《中道因緣經》。於每部經前，一行禪師會先引導讀者了解經文的大意，接著用最日常的言語和例子解釋經文內容。當你將經文融入自己的生活體驗，才能理解和實踐，也愈能發現其中蘊含的深奧智慧。

佛陀的女兒
蒂帕嬤

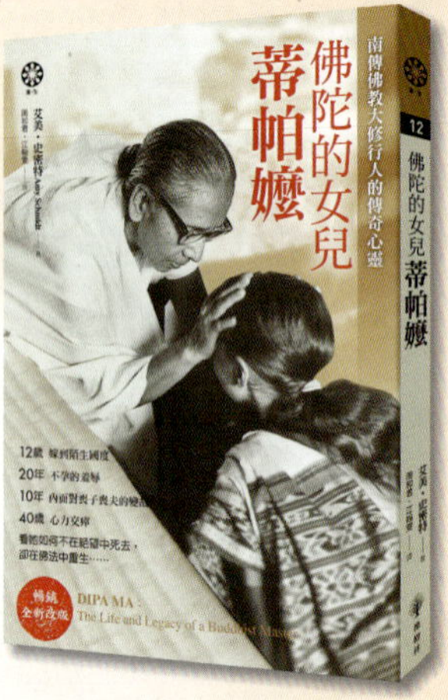

作者／艾美・史密特（Amy Schmidt）
譯者／周和君、江涵芰
定價／320元

～AMAZON百位讀者5星好評～
中文版長銷20年，累銷上萬本

無論我們內心有多麼失落，對這個世界有多麼絕望，不論我們身在何處，蒂帕嬤面對曲折命運的態度，一次又一次地展現了人性的美善與韌性，療癒了許多在悲傷憤怒中枯萎沉淪的生命，更重要的是，她從不放棄在禪修旅程中引導我們走向解脫證悟。

延伸閱讀

森林中的法語
定價／320元

與阿姜查共處的歲月
定價／300元

橡樹林全書系書目
橡樹林好書分享

橡|樹|林

特效藥←痊癒←道謝

有助於理解《歎異抄》全貌的譬喻故事，第四個要點。

四 名醫歷經無比漫長的歲月，費盡千辛萬苦，終於製成了特效藥。

名醫彌陀發誓要「治癒所有人『對死後黑暗之心』的疾病，使其獲得無上的幸福」，為此製造出了名為「南無阿彌陀佛」的妙藥。

如果將彌陀所製的妙藥比喻成特效藥的話，那就可以說，經過彌陀長久以來的辛苦努力，能夠治癒所有人罹患的疾病——「對死後黑暗之心」的特效藥終於誕生了。

若是沒有崇高的「彌陀誓言」，就不會有特效藥的誕生，也就不會聽到任何一個難治之症得以痊癒的患者發出的歡喜之聲了。

在《歎異抄》中，生動而真實地記載了親鸞聖人痊癒後的感動。聖人從長久以來罹患難治之症的痛苦中被解救出來，不由得感慨萬分：「彌陀的誓言，原來完全只為了親鸞我一個人。」

不僅是親鸞聖人，所有難治之症得以痊癒、得到了無上幸福的人，都會和親鸞聖人一樣歡喜地得知：「原來彌陀的誓言就是為了我一人」。

而為了實現自己的誓言，名醫彌陀在超乎我們想像的漫長時間裡，歷盡了千辛萬苦，才終於製造出了這副名為「南無阿彌陀佛」的特效藥。

「南無阿彌陀佛」雖然只有六個字，其功效卻無窮無盡

「南無阿彌陀佛」這六字名號，正是治療「對死後黑暗之心」這個疾病的特效藥。

釋迦牟尼佛在遺言中說：我畢生講說的，就只有特效藥——南無阿彌陀佛的功效這一件事而已。

正因如此，南無阿彌陀佛被稱為「釋迦牟尼佛所講說的一切經之精髓」。

親鸞聖人在《正信偈》中，把南無阿彌陀佛稱為「大寶海」。就是說，南無阿彌陀佛就像是廣大無邊的寶海，能夠使全人類都得到無上的幸福。

而忠實地傳承了親鸞聖人教義的蓮如上人，也這樣竭盡言辭盛讚六字名號：「因為南無阿彌陀佛只是六個文字而已，所以無論是誰都不會認為它有多麼偉大的力量吧。然而，在這南無阿彌陀佛之中，卻有著讓所有人得到無上幸福的無限力量。」

所謂『南無阿彌陀佛』，其字數不過六字，表面看來，似覺無何功能，然此六字名號之中，所含無上甚深功德利益之廣大，卻無極無限。

（蓮如上人）

所有的藥，都必定會有藥效說明書。

可以說，記載了釋迦牟尼佛畢生教導的七千餘卷的一切經，就是南無阿彌陀佛這副特效藥的藥效說明書。

那麼，南無阿彌陀佛的功效到底是什麼呢？

●彌陀創製的特效藥

南無阿彌陀佛	＝	六字名號

「南無阿彌陀佛」是治療
「對死後黑暗之心」這種疾病的特效藥。

佛教教導我們，南無阿彌陀佛這副特效藥的功效，用一句話來說，就是「破闇滿願」。

「破闇」，是指破除黑暗的力量。

在佛教裡，這個黑暗指的是「無明之闇」。佛教裡也將其比喻成疾病，稱為「無明業障之病」，或是「對死後黑暗之心」的疾病。

因此，破闇，指的就是將「對死後黑暗之心」變成「對死後光明之心」的力量。

接下來，「滿願」，是指滿足願望的力量。

這說的是名號具有實現「想要讓所有人得到無上幸福」的彌陀誓願，使我們獲得絕對幸福的力量。

正是因為南無阿彌陀佛這副特效藥，具有於一念治癒「對死後黑暗之心」這個疾病，使我們得到無上幸福的偉大力量，所以才將其功效稱為破闇滿願。

黑暗，在光明照進來的瞬間就會消失。

即使是從一千年前開始就被黑暗籠罩的房間，讓其變得光明也不需要花費時間。

● 破闇滿願

破闇	＝	破除「對死後黑暗之心」，使其變成「對死後光明之心」的力量
滿願	＝	讓所有人獲得絕對的幸福，使其得到大滿足的力量

這個詞簡潔地說明了

「南無阿彌陀佛」

這副特效藥的功效。

正如在光明照進房間的瞬間，黑暗就會消失，長久以來一直使我們痛苦至今的無明之闇（對死後黑暗之心），會在一念的瞬間徹底消失。

這全都是由於南無阿彌陀佛這副特效藥的強大功效。

現在就清楚得知，死後必往極樂

在《歎異抄》裡，還把南無阿彌陀佛這副特效藥的功效稱為「往生一定」。

往生一定是什麼意思呢？讓我們先從「往生」這個詞開始解釋吧。

在日本，很多人都以為「往生」是「死亡」或是「陷入困境」的意思。比如說，人們會說「隔壁的老婆婆今天早上往生了」，或是「因為遇到意想不到的大雪，在途中往生了」。這些都是對「往生」這個詞極大的誤解。

其實我們看文字就可以知道，「往」是往返的往字，「生」是「出生」「生活」的生字，完全沒有死亡或是困境的意思。

不僅是往生，很多在日常生活中使用的佛教詞語，都和佛教中本來的含義有很大差異。這似乎也造成了大家對佛教的誤解。

要正確理解《歎異抄》和親鸞聖人的教義，首先要瞭解佛教詞語的正確含義，這是極為重要的事情。

往生，就是一個極為重要的佛教詞語。

所謂往生，是指死後去「往」極樂淨土，「生」而為佛。

「一定」，是確定無疑、清楚得知的意思。

死後去往極樂淨土、生而為佛這件事情，在活著的現在就清楚得知，這就叫做往生一定。

極樂淨土是怎樣的世界

聽到清楚得知死後往生極樂淨土，大家一定會有很多疑問。比如說，極樂淨土是怎樣的世界呢？

關於極樂淨土，釋迦牟尼佛在《佛說阿彌陀經》裡，這樣告訴我們：

「生在極樂淨土裡的人，不會有任何痛苦，只有各種各樣的歡樂。所以被稱為極樂。」

接下來，釋迦牟尼佛又這樣描述極樂淨土的各種歡樂：

「用寶石建造的水池隨處可見，其中溢滿清水，清澈透亮。池水具有甘甜、清涼、柔軟、輕靈、清澈、不傷喉嚨、不壞腸胃等多種特徵，池底鋪滿了金沙。

池中蓮花盛開，大如車輪。蓮花有青、黃、紅、白等多種顏色，各自綻放青光、黃光、紅光、白光，光色絕妙，香氣馥郁。

四邊的台階上，全都裝飾著金銀珠寶。聳立在台階盡頭的宮殿樓閣，也都是用金、銀、水晶等珠寶建成。天空中一直飄揚著動聽的音樂，時而飄落美麗的花瓣。

清涼的微風不斷吹拂，以寶石妝點的樹木和網狀的飾物隨風搖曳，發出美妙的樂音，就像是幾千種樂器在同時演奏一樣。

還有孔雀、鸚鵡等各種色彩繽紛的鳥類，在以和悅優美的聲音講說尊貴的佛法，聽到的人無不從心裡生出歡喜。

生活在極樂淨土的人們，每天都穿著精緻華美的衣服，吃著各種珍饈美食，歡樂無比。」

●往生一定

往生	＝	死後去往極樂淨土， 生而為佛
一定	＝	確定無疑 清楚得知

去往極樂淨土、生而為佛，

這雖然是死後的事情，

但是吃下了南無阿彌陀佛的特效藥，

就會在活著的現在清楚得知自己死後必往極樂。

在經文裡，釋迦牟尼佛極盡言辭，為我們形容了極樂淨土的美好殊勝。

聽到這些，可能有人會想說，「那是童話故事吧！」「怎麼可能相信這種事情！」但是其實，釋尊所說的這些並不是極樂淨土實際的情景。

貓咪往生之淨土，宮殿皆由魚乾做

我們在日常生活中體驗到的快樂，比如說吃到可口的美食、賺了大錢、受到誇獎、有了戀人、結了婚、買了房子等等，這些全都是最終會褪色、或是變質為痛苦悲傷的快樂。

一旦遭遇地震、海嘯、颱風或是火災，這些快樂會在一夜之間失去，朝不保夕。即使能持續一段時間，到了臨終的時候，也會百分之百消失殆盡。我們所知道的，只有這樣的幸福。

要讓只知道這種快樂的我們，去理解極樂淨土的快樂，比起讓魚類去理解火與煙霧的存在，或是對貓、狗講解電視、手機的構造，還要更加令人絕望。

即使是釋迦牟尼佛也無法做到，所以釋尊有時甚至會說，此事「不可說」。

但是，如果就這樣絕望地放棄，那就無法完成傳達佛教的使命了。

因此，釋尊才列舉了我們見過、聽過、體驗過的那些可以想像的快樂，為的是讓我們瞭解極樂淨土有多麼殊勝。

就像有人比喻的那樣，「貓咪往生之淨土，宮殿皆由魚乾做，就連貓咪也驚嘆，稱念喵嗚阿彌陀」。要是對貓講說淨土的美好，「宮殿皆由魚乾做」，應該是最恰當的講說方式了吧。

佛法是兩千六百年前，釋迦牟尼佛在炎熱的印度講說的教義，會使用符合那個時代與地域的比喻也是理所當然的事情。

汲取了釋迦牟尼佛真意的親鸞聖人，經常把極樂淨土稱為「無量光明土」，意思就是無限光明的世界。

如果清楚得知自己確定無疑的未來，是去往無限光明的無量光明土的話，我們現在就會充滿「出生為人真好」的歡喜，每一個瞬間都會閃耀著光輝，生活在真正的安心與滿足之中。

一旦治好了「對死後黑暗之心」的疾病，就會從永久的黑暗中被拯救出來，痛苦不斷的人生會原封不動地轉化為無上幸福的人生。一切辛苦都將得到回報，流過的每一滴淚水，都會化成珍珠回到自己手中。

而這些，全都是特效藥南無阿彌陀佛的功效。

「幸福」有三個可悲的定律

前文說過，在南無阿彌陀佛這副特效藥的功效中，破闇滿願的「滿願」是指，實現「想要拯救所有人，使其得到無上幸福」這個彌陀的誓願，使我們成為大安心、大滿足之身。

聽到無上的幸福，大家可能會想，「真的有這樣的幸福存在嗎？」

會有這樣的想法是很正常的。

為什麼這樣說呢？因為我們所知道的幸福，全部都是「相對的幸福」。

比如說，和深愛的人終成眷屬、在工作上事業有成、孩子們健康成長等等，我們每天在追求的各種人生的快樂與價值，都屬這種相對的幸福。

為什麼叫做相對的幸福呢？因為這些都是透過與他人或是過去的自己相比較才能感受到的幸福。

比如說，公司為自己加了薪水，跟過去相比當然會感到開心。

但是，如果聽說跟自己同一年進公司的人，薪水全都比自己高，那會怎麼樣呢？即使加薪的事實並沒有絲毫改變，但是之前的歡喜卻會立刻消失，取而代之的是不滿的心吧。

我們總是在和周圍的人比較，對幸福的感受也隨之不斷變動，時而歡喜，時而悲傷。

無論是金錢、工作、家庭，還是容貌、才能等等，我們都會跟周圍比較，看到別人擁有自己沒有的東西，就會心生羨慕，為此痛苦，不是嗎？

與相對的幸福不同，無上的幸福也被稱為「絕對的幸福」，這是不會因任何事情而改變的幸福，會讓我們生起「世界上沒有人比我更幸福」的歡喜。

雖然說，相對的幸福在我們活著的時候也是很重要的，但是它有三個可悲的定律。

（一）永遠無法得到滿足

（二）不可能一直持續

（三）在死亡面前會全部崩潰

讓我們分別看一下這些定律是怎麼回事吧。

（一）永遠無法得到滿足

相信很多人都會在吃到美食的時候，感受到幸福。

但是，當山珍海味變成了日常，就會感到不滿足，想要吃到更美味、更珍奇、更高級的食物。

不僅是食物，首飾、裝飾品、興趣愛好所需的裝備等等也都是如此。即使剛剛得到的時候非常歡喜，但是一旦習以為常，就會想要更新、更好的東西，不會覺得這樣就滿足了。

在事業上，即使已經取得了成功，也必須繼續解決不斷出現的新課題。

那麼，是否到達了專家、高手的境界就能夠滿足了呢？事實上，越是被稱為一流的高手，越明白這條道路永無止境。

職業運動員如此，名人亦然。

被讚譽為日本第一劍豪的宮本武藏，平生經歷過六十多次生死對決，從未輸過。但是據說他在晚年也曾告白說，自己的劍術還遠未成熟。

得到了滿足，反而會加倍飢渴，想要得到更多。越是想要得到滿足，就越是無法感到滿足，這就是相對的幸福的特徵。

追求相對的幸福就如同踏上了一條永無止盡的道路，永遠都無法得到真正的安心和滿足。

（二）不可能一直持續

即使跨越重重障礙和深愛的人終成眷屬，也不知何時就會突然遭遇疾病或事故。還有可能因為變心或是產生隔閡而分道揚鑣，甚至圍繞財產或孩子的撫養權等發生糾紛，對簿公堂。

只要看看我們的身邊就會明白，這世間充滿了為失去丈夫痛苦不堪的妻子、為失去妻子悲傷不已的丈夫、為孩子的不孝憤憤不平的父母……。

即使是昨天還和樂融融的幸福家庭，也會由於事故或災害在一夜之間轉為不幸。因為所有這些幸福，都是今日有明日無的幸福，無法一直持續下去。

在《歎異抄》裡，把我們居住的這個世界稱為「火宅無常的世界」。

「無常」，就是「沒有永恆、不會持續」的意思。生活在這樣一個不知何時會發生何種變化的世界裡，就像是住在火宅（著了火的房子）裡一樣充滿不安，所以才將這個世界稱為「火宅無常的世界」。

（三）在死亡面前會全部崩潰

即使一生安泰，沒有遭遇太大的不幸，到了將要死去的時候，所有的一切也都會失去光輝。迄今為止辛苦構築的金錢財產、名譽地位等等，不會再帶來半點歡喜。

就連被稱為日本歷史上最成功人物的豐臣秀吉，在臨終時也這樣告白：「我身如朝露，轉瞬即消逝。難波繁華事，皆如夢中夢。」

無論是奪取天下、登上攝政大臣的寶座，還是建造大阪城和聚樂第、享盡榮華富貴……一切都像夢中之夢一樣短暫虛幻。豐臣秀吉最終留下這樣的嘆息，孤獨地離開了人世。

在即將死去的時候，無論是金錢、財產，還是名譽、地位，一切都會像夢中之夢一樣，消失得無影無蹤。

我們所知道的相對的幸福，全都無法逃脫以上這些可悲的定律。

與此相對，無上的幸福（絕對的幸福）則是絕對不會改變的、即使面臨死亡也不會崩潰的幸福。得到了無上的幸福就會成為大安心、大滿足之身，發自內心地感受到「生而為人真好！再也沒有比我更幸福的人了！」

而將這個無上幸福的存在教給我們的，就是釋迦牟尼佛、親鸞聖人，就是《歎異抄》。

親鸞聖人告訴我們，那些說「無上的幸福不可能存在」的人，只是還沒有得知南無阿彌陀佛這副特效藥的功效有多麼偉大而已。

怎樣才能吃下這副特效藥呢？

那麼，要怎樣才能吃下彌陀所製的南無阿彌陀佛這副特效藥呢？

對於患者來說，這是最重要的問題，絕對不可以聽錯。

如前文所述，釋迦牟尼佛告訴我們，這副名為南無阿彌陀佛的特效藥，彌陀已經把它製造出來放在手邊了。於是，在聽聞親鸞聖人教義的人之中，就有人聽錯了這一點，以為「既然去往極樂的特效藥已經做好了，那大家死後就都能去極樂了。」

他們似乎是把藥已經做好，和病已經治好混為一談了。

但是，無論多麼有效的特效藥，如果不吃下去的話，疾病就無法痊癒，這是理所當然的事情。

那麼，要怎樣才能吃下南無阿彌陀佛這副特效藥呢？這就成為了我們最想知道的事情。

若是想要詢問關於彌陀所製的特效藥「南無阿彌陀佛」的事情，唯有詢問彌陀的弟子——釋迦牟尼佛這一個途徑。

對此，釋迦牟尼佛也十分明瞭。他反覆地、明確地教導我們說：「彌陀製造的特效藥，是全憑『聞』來吃下的妙藥。」

因此，無論是親鸞聖人還是蓮如上人，都斷言說「佛法極盡於聽聞（要得到彌陀的誓言所說的拯救，唯有依靠「聞」）」。

在世間，一說到宗教，大多數人的印象可能都是什麼「信者得救，要相信神」「要有信仰之心」「要祈禱」「要禮拜」之類的吧。

而一說到佛教，就會聯想到修行、坐禪、冥想、祈願等等，這樣的人也不在少數。

然而，名醫彌陀其實早就看穿了：古今中外所有的人，都既沒有相信神、佛的心，也沒有祈禱、禮拜的心。

我們人的相信之心、祈禱之心到底有多麼虛假呢？對此，有這樣一個笑話。

「趁著我哄住金毗羅，趕快把孩子生下來！」

有一對夫婦，過著有一餐沒一餐的生活。妻子快要分娩了，痛得一邊呻吟一邊在家裡滿地打滾。

因為家裡太窮，別說醫生，就連助產婦也請不起。妻子這麼痛苦，丈夫實在看不下去，於是跑到院子裡打了一桶井水從頭淋下，開始向他一直信仰的金毗羅大神求救：

「南無金毗羅大神，現在我老婆難產，痛得滿地打滾，求您趕快讓她把孩子平安生下來吧，求求您了。」

水淋了好幾桶，又伏在地上三拜九叩，可是妻子還在痛苦地呻吟著。

他想，只是這樣祈求，不供奉東西大概還是不行。可是家裡又沒有什麼可以上供的東西，只好許願說：「金毗羅大神，如果靠您的力量平安生下孩子，我一定供奉您一對銅製的牌樓。求求您，求求您啦！」

他祈禱的聲音很大，屋裡的妻子聽見了，擔心起來，也顧不得陣痛了，大聲叫道：「銅製的牌樓那麼貴，萬一真的一下子生出來怎麼辦？」

丈夫回過頭來，滿不在乎地說：「少囉嗦！趁著我哄住金毗羅的時候，還不趕快把孩子生下來！」

丈夫用井水清潔身體，又三拜九叩地向神祈禱「如果孩子平安生下來，就供奉一對銅牌樓」，表面上看起來，是一副虔誠的樣子。

然而，他的「祈禱」中其實隱藏著自私的盤算，想著「先跟神說供奉牌樓，等孩子生下來還不是我說了算」。

到實現自己的願望為止，都一直裝出一副誠心誠意的樣子，等到願望實現了就轉頭不認帳。有這種虛假不實之心的，並非只有這個丈夫一人吧。

可能有人會說，「那種人怎麼能算信徒呢。我的信仰和祈禱都是非常虔誠的。」

的確，也有人不是像笑話裡的丈夫那樣，想要去欺騙神佛，而是非常認真地相信的。

「就沒有哪位神，能拯救沒有祈禱之心的我嗎？」

日本明治時期的文豪國木田獨步是一名基督徒，因為得了肺結核，年僅三十六歲就死去了。他在去世之前，留下了一段充滿悲泣的記錄。

國木田躺在茅崎市南湖療養院的病床上，對當初他成為基督徒時的受洗牧師——植村正久訴說自己的苦悶。在記錄中，他這樣寫道：

「氏云唯祈禱。云祈禱可解決一切事。極容易之事也。然余不能祈禱。非湧自衷心之祈禱，主亦不能容也。祈禱之詞雖極簡易，祈禱之心卻難，甚難得之。

誰來救此不能祈禱之心耶？[*8]」

（祈禱的話語雖然簡單，但是在死亡帶來的不安與恐懼面前，我卻沒有相信神的心，也沒有向神祈禱的心。有沒有誰，有沒有誰來拯救我這個連向神祈禱的心都沒有的人呢？明明心底無法相信，卻讓我去向神祈禱，這怎麼可能做得到呢?!）

最後他說，「誰來救此不能祈禱之心耶？」（就沒有哪一位神，能夠拯救連祈禱之心都沒有的人嗎？）

如果像國木田那樣，認真地凝視自己的內心，就會發現對於神或佛這樣的存在，我們其實既沒有純粹的相信之心，也沒有純粹的祈禱之心。

名醫彌陀早就看穿了，古今中外的全人類，都是既沒有相信之心，也沒有祈禱、繫念之心，根本無法認真地坐禪、冥想的人。

看穿了所有人實相的彌陀，在經過深思熟慮之後得出了結論——要想拯救所有的人，唯有透過無條件的拯救，因此彌陀才發下了無條件拯救我們的誓言。

我們聽聞這無條件的彌陀誓言，在清楚得知彌陀的誓言「是真實的」「不是謊言」，被彌陀誓願不思議所拯救的聞即信之一念，「對死後黑暗之心」的疾病就會徹底痊癒，得到無上的幸福。

這就是在聞信「原來彌陀的拯救是無條件的」一念獲救，極盡於聽聞的教義。

那麼，所謂聽聞，是指怎樣的聽法呢？

「聽」，就是認真地聽，深入地理解接受

親鸞聖人將「聽」與「聞」嚴格地區分開來，教導我們這兩個字有著完全不同的含義。

首先，「聽」指的是直到於一念治癒「對死後黑暗之心」的疾病、獲得無上幸福為止，我們所經歷的路程。

也就是從講說彌陀誓願（誓言）的佛教老師那裡，認真地聽「彌陀誓言」的本、末，並且深入地理解、接受。

「彌陀誓言」的本和末就是說：

彌陀發下誓言的對象，是什麼樣的人？

彌陀發誓要給予怎樣的拯救？

彌陀發誓要如何拯救？

彌陀為了實現自己的誓言，是怎樣做的？

等等……。

認真地聽，正確地理解這些內容，就是「聽」。

無論是誰，只要認真去聽就會發現，自己雖然在聽彌陀的誓願，但是卻很難真正地理解、接受。

必然會湧出懷疑、反駁的心：

「我不覺得自己是那種被一切諸佛捨棄的極惡之人。」

「像我這樣的人，怎麼可能得到無上的幸福呢？」

「無法相信南無阿彌陀佛這六個字裡，有那麼了不起的力量。」

「像我這樣的人，是不是已經沒救了？」

等等。

越是聽，越是不斷湧出對「彌陀誓願」的疑雲。

出現這樣的懷疑之心，正是在認真聽「彌陀誓願」的證明。

然而，彌陀本來就是在對這些全都瞭若指掌的基礎上，才製造出了能夠破除這些疑心的特效藥——南無阿彌陀佛。

因此，這些疑惑心於一念（瞬間）徹底消失的時候必定會到來。

直到對「彌陀誓願」的疑心於一念徹底消失為止，認真地聽這個彌陀的誓願，這就是聽聞的「聽」。

「聞」，是指疑心盡消、難治之症痊癒的一念

接下來，聽聞的「聞」，指的是對「彌陀的誓願」疑心盡消的一念。

我們於一念聞信彌陀完成南無阿彌陀佛這副特效藥的「本、末」，成為來世必能往生極樂淨土之身。這一念，就被稱為「聞」。

關於「聞」，親鸞聖人明確告訴我們：對彌陀誓願「無有疑心」，就是「聞」。為什麼親鸞聖人說的是對彌陀的誓願「無有疑心」，而不是「無疑心」呢？「無疑心」和「無有疑心」，到底有什麼不同呢？

比如說，問朋友「能不能借給我一百萬？」朋友拒絕說，「我沒有一百萬。」朋友這樣說的話，在五年後或是十年後，說不定能夠借給你這筆錢。因為他以後可能會有意想不到的收入。

●聽　聞

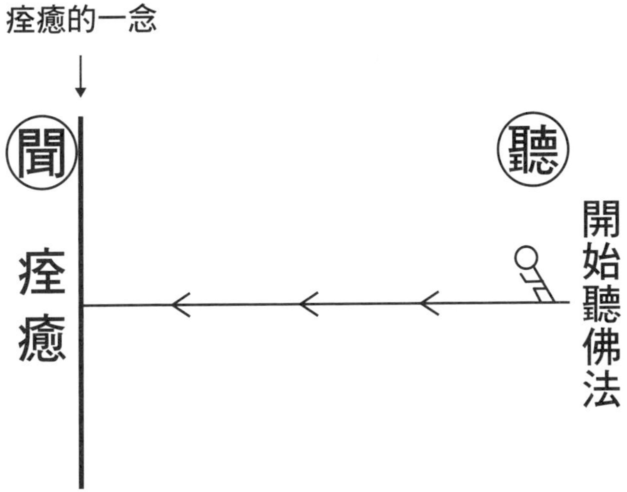

「聽」是指直到痊癒為止聽佛法的路程。

「聞」是指疑心盡消、難治之症痊癒的一念之時，用豎線表示。

痊癒後，會懷著感謝之心，情不自禁地聽聞佛教。

但是，如果朋友拒絕的時候是說，「一百萬？對我來說擁有一百萬是不可能的事情。」那就意味著今後不管過了多少年，從這位朋友那裡借到錢的可能性都是零。

「無」，說的是現在的情況，將來或許會「有」。

親鸞聖人所說的「無有」，則是指將來也「絕無『有』的可能」，所以這兩個詞差別很大。

親鸞聖人所說的「對『彌陀的誓言』無有疑心」，就是指對「彌陀誓言」的懷疑永遠消失。

這一念，是我們聽聞佛法之路的終點，也是人生的目的完成的時候。

親鸞聖人就是把這無明業障之病（「對死後黑暗之心」的疾病）徹底痊癒、成為無上幸福之身的一念，稱為「聞」。

第五章 痊癒——無上的幸福

難治之症的患者——所有人

←名醫的介紹人——釋迦牟尼佛

←名醫——阿彌陀佛

←

特效藥——南無阿彌陀佛

←痊癒

←道謝

有助於理解《歎異抄》全貌的譬喻故事，第五個要點。

五 吃下特效藥，難治之症被徹底治癒，患者非常高興。

關於名醫製造出來的特效藥，已經在第四章裡講解過了。

依照名醫的指示，於聞之一念吃下南無阿彌陀佛這副特效藥的話，「對死後黑暗之心」的疾病就會徹底痊癒。

此時，「不知道死後會怎樣的心」完全消失，清楚得知死後必定去往極樂淨土，生而為佛。

這被稱為「往生一定」（具體解釋請參照第四章）。因為是於一念確定往生，所以也被稱為「一念往生」。

如果清楚得知自己未來確定無疑會去往無量光明土（極樂淨土），我們從現在開始就會活在無上的幸福之中，感受到「生而為人真好」的喜悅。

親鸞聖人的教義＝平生業成

在日本，一般人都以為親鸞聖人的教導是「只要念佛，大家都能夠往生極樂淨土成佛」。

所以很多人都把死去的人稱為「佛」。比如說把身分不明的屍體說成是「無緣佛」。

然而，這並不是《歎異抄》裡講說的親鸞聖人真正的教義。

親鸞聖人從來都沒有說過，無論是誰死後都能夠往生極樂。

只有在活著的現在徹底治癒無明業障之病（對死後黑暗之心）、得到了永遠的幸福的人，死後才能夠往生極樂淨土成佛——這才是親鸞聖人的教導。

所以，親鸞聖人比任何人都更加明確地勸導我們：「要在活著的現在（平生）趕快治好『對死後黑暗之心』的疾病，得到無上的幸福。」

因此親鸞聖人的教義被稱為「平生業成」。

平生業成這個詞，就相當於親鸞聖人教義的一面招牌。

一說起平生業成，就是專指親鸞聖人的教義；一提到親鸞聖人的教義，只要回答「平生業成」就能得到滿分。

「平生」這個詞，一般是指「平時」或者「一生」的意思。而親鸞聖人所說的平生，意思是「並非在死後，而是在活著的現在、此刻」。

業成的「業」，指的是治療無明業障之病（對死後黑暗之心）。

因為在人生中，沒有比治療這個疾病更重要的事業了，所以「業」字表達的是「人生的大事業」。

業成的「成」，意思是完成、達成。因為吃下南無阿彌陀佛這副特效藥的話，人生的大事業（治癒「對死後黑暗之心」的疾病、得到無上的幸福）就會得以完成，所以用「成」字來表達。

●平生業成

平生	＝	活著的時候
業	＝	治療「對死後黑暗之心的疾病」
成	＝	完成、達成

平生業成，是表達了親鸞聖人全部教義的詞語。

親鸞聖人畢生都在教導我們：「人生有一個一定要完成的大事業。那就是治癒『對死後黑暗之心』的疾病，得到無上的幸福。這是在活著的現在就能夠完成的，所以要抓緊時間趕快完成。」

這就是親鸞聖人的教義被稱為「平生業成的教義」的理由。

親鸞聖人在二十九歲的時候，獲得了拯救

親鸞聖人在二十九歲的時候，依靠彌陀的誓言獲得了拯救，得到了無上的幸福。苦惱不斷的人生從此轉變為活在永恆幸福中的人生，出於這樣的歡喜，直到九十歲去世為止，親鸞聖人畢生都在盡情高呼：「誠哉！彌陀的誓願！」（是真的！是真實的！彌陀的誓願不是謊言！）

無明業障之病（對死後黑暗之心）徹底痊癒，全身都洋溢著無法用筆墨形容的無盡歡喜。他在《歎異抄》中告白說：「每一個今天都無比寶貴，現在的每一次呼吸更是令人感激不已。呼氣、吸氣都覺得不可思議。彌陀的誓言，完全是為了親鸞我一人！」

得到了大火燒不毀、洪水沖不走、盜賊偷不去、無論何時都溢滿全身的無上幸福，聖人不由得感激涕零：「不可稱說不思議，功德充滿親鸞身。」——這是親鸞聖人充滿歡喜的告白：無法形容、無法講說、甚至連想像都無法想像的幸福，一直溢滿我的全身。

而且，「這絕不是我親鸞一個人的事情」，親鸞聖人向所有的人呼籲：「不分人種、性別、年齡、貧富、美醜，與才華、能力、學問、經驗等等全然無關，所有人都能獲得彌陀誓願（誓言）的拯救，得到永遠的幸福。」

當然，在這所有人之中，也包含身心有障礙的人、為重病而苦惱的人、因瀕臨死亡而痛苦的人。

對於這樣的人，親鸞聖人也滿腔熱忱地鼓勵說：「你也一定能得到這無上的幸福，感受到生而為人的歡喜。因為彌陀的拯救是於一念達成的，任何時候都不會為時已晚。」

所有的人，都會於聞之一念得到拯救，獲得無上的幸福——這「彌陀一念的拯救」，正是《歎異抄》最大的魅力。眾多的哲學家、知識分子之所以被《歎異抄》吸引，想必也是因為驚嘆於這「一念的拯救」吧。

而我們透過這一念的拯救所獲得的無上幸福，在《歎異抄》第七章中，被稱為「無礙之一道」。

疾病痊癒的世界——「無礙之一道」

無礙之一道是什麼意思呢？無礙的「礙」，意思是障礙。是指欲望、憤怒等煩惱，以及各種各樣阻礙我們得到幸福的障礙。

所謂「無礙」，並不是說這些「障礙全都消失了」。

而是說，得救之後會清楚地得知：「障礙（煩惱、罪惡）已經不再成為障礙，無論自己何時死去，都必能往生極樂淨土。」

「一道」，就是指「唯一的世界」。

人生中有各種各樣的難關——苦難、困難、災難等等，到死為止難度海的波浪都不會斷絕。

即使已經被拯救，獲得了無上的幸福，我們由煩惱構成的實態也不會改變，所以還是有可能捲入各種糾紛、失去重要的人或物品、因為生病而痛苦……這些都不會有絲毫改變。

親鸞聖人明確告訴我們，即使進入了無礙之一道，欲望、憤怒、嫉妒、怨恨等煩惱也都依然存在，到死為止都既不會減少，也不會消失。

所謂「人」，無明煩惱溢滿我等之身，欲亦多、瞋怒嫉妒之心多而無間斷，直至臨終一念，不止不消不絕。

（親鸞聖人）

但是所有這一切障礙，在得救之後都不再成為障礙。這是用語言無法表述、說明，甚至連想像都無法想像的世界。親鸞聖人就是把這樣的世界稱為「無礙之一道」。

痛苦轉為歡喜——顛覆常識的幸福

《歎異抄》裡告訴我們，存在著這樣一個世界：欲望、憤怒、嫉妒、怨恨等煩惱（痛苦），全都會原封不動地轉化為菩提（歡喜）。

這在佛教裡被稱為「煩惱即菩提」。「菩提」，就是指歡喜的心。

「煩惱會原封不動地轉化為歡喜」——這樣不可思議的世界，要以任何人都能理解的方式解釋出來是極為困難的事情，不過大家或許可以透過下面這個例子來想像一下。

有一個生長在山村裡的少年，每天都要獨自翻越一座山去上學。

有時因為參加課外活動放學晚了，夜晚的山路會荒涼得令人害怕。夏天，太陽會火辣辣地照在身上；冬天，風雪會毫不留情地打到身上，有時甚至被強勁的風雪吹得只能蹲在路上，完全無法前行。

如果遇到下雨，山坡轉眼間就會水流如注，變成瀑布。

「啊，要是學校離家再近一點……要是沒有這座山……該有多好。」

他痛恨道路的遙遠和山路的荒涼。

不久，從別的學校轉來了一位可愛的少女，沒想到她居然和自己住在同一個村莊。

從此，兩個人總是一起上學放學，一路上談論學校的遙遠、山路的荒涼等等，成了很好的朋友。

有一天，他們放學回家，剛出校門不久就遇上了陣雨，而且看起來不會很快就停。

只有女孩帶著傘，兩個人只好合撐一把傘前行。意外的親近讓少年一路上心跳不已，不由在心中暗自企盼：「雨不要停……」「要是山再荒涼一點……路再遠一點……該有多好。」

曾經那樣怨恨道路的遙遠、山路的荒涼，這些雖然都沒有絲毫改變，現在卻不再讓他感到任何痛苦。雨中難行的山路所帶來的痛苦，似乎反而變成了快樂。

雖然這樣的感受只是暫時的，但是每個人或多或少都有過這樣的體驗吧。

自古就說，「澀柿之苦澀，轉化為甘甜」。越是澀味重的柿子，曬乾之後就越是甘甜。

猶如經過日曬，澀柿子的苦澀會原封不動地轉化為甘甜，得救之後，痛苦會原封不動地轉化為歡喜，這在佛教裡稱為「轉惡成善」——惡（痛苦）轉成善（歡喜）。

也就是說，即使是令人痛苦的事實，也會轉變為幸福的種子。這實在是顛覆常識的幸福。

曾經帶來痛苦、悲傷，令人覺得「自己是世界上最不幸的人」，因而詛咒社會、憎恨他人的種子，現在卻變成了令人歡喜幸福的種子。即使面對逆境也報以微笑，讚歎這世界如此光輝燦爛。那些曾經歷過的痛苦歲月，如今也都可以在笑談中輕鬆回顧。

這是多麼不可思議的無上幸福啊！

親鸞聖人把煩惱和歡喜的關係，比喻為冰與水的關係。

冰塊如果小的話，融化出的水也會很少。

如同冰（煩惱）的體積越大，融化出的水（歡喜）越多一樣，滿身煩惱，就是滿心歡喜。

親鸞聖人說，這就是「障（煩惱）若多則德（歡喜）亦多」。

這就像是碳變成鑽石一樣。

漆黑廉價的煤炭和昂貴耀眼的鑽石，雖然在價值上有著天壤之別，但是構成的元素卻同樣都是碳。如果把同樣由碳元素構成的石墨，放在一千度以上的高溫和五萬大氣壓以上的高壓環境裡，就會變成閃亮的鑽石。

那麼，為什麼我們能得到「煩惱（罪惡、障礙）轉為菩提（幸福、喜悅）」這超乎想像的幸福呢？親鸞聖人感激涕零地告訴我們：這完全是由於特效藥——南無阿彌陀佛不可思議的功效。

全人類的終極目的

佛教告訴我們，一旦「對死後黑暗之心」的疾病徹底治癒，得到了無上的幸福，欲望、憤怒、嫉妒、怨恨等煩惱就完全不會成為障礙。

親鸞聖人又用下面這個比喻，把這個無礙之一道的世界教給了我們：

夜晚沒有太陽，所以無論整個天空是否被雲霧覆蓋，四周都是一片黑暗。

然而，一旦太陽出來，即使整個天空依然被雲霧覆蓋，雲霧下面的黑暗也會徹底消失。

親鸞聖人透過夜晚（沒有太陽出來）和白天（有太陽出來）的區別，想要為我們闡明什麼事情呢？那就是被彌陀拯救之前和拯救之後，到底有什麼不同，「煩惱」會變成怎樣。

首先解釋一下，這個例子具體比喻的是什麼。

「夜晚（沒有太陽出來）」，指的是尚未得遇彌陀的拯救，還存在著「對死後黑暗之心」的時候。

「雲霧」，比喻的是欲望、憤怒、愚癡等一百零八個煩惱。

「整個天空都覆蓋著雲霧」，比喻的是人由煩惱構成的實態。

「太陽出來」，是指依靠彌陀誓言獲得了拯救，「對死後黑暗之心」徹底消失。

即使太陽出來了，覆蓋著整個天空的雲霧（煩惱）也不會有絲毫改變。

●「對死後黑暗之心的疾病」痊癒前後的不同

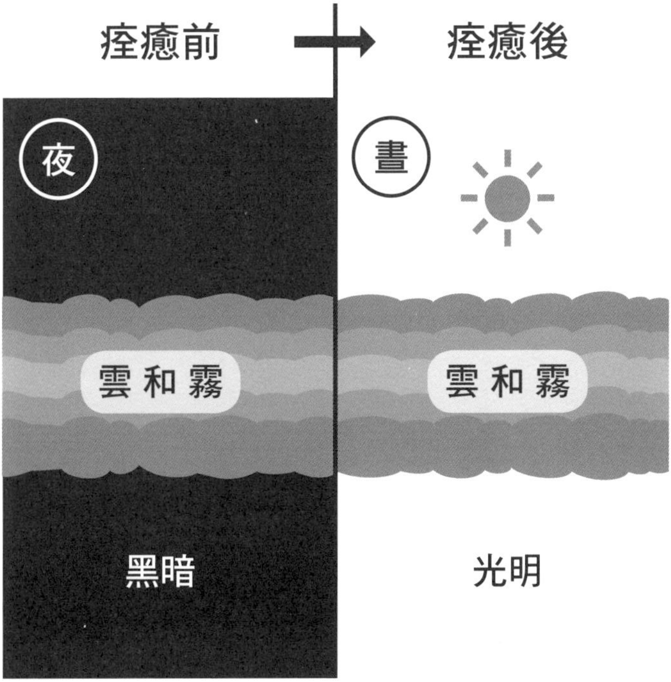

親鸞聖人透過這個譬喻告訴了我們，
被彌陀拯救之前和拯救之後，
到底會有什麼樣的不同。

儘管整個天空依然覆蓋著雲霧，但因陽光不會受任何雲霧的阻礙，所以黑暗——「對死後黑暗之心」也會徹底消失。

親鸞聖人在這段話中以極為巧妙的比喻教導我們：只要用南無阿彌陀佛的特效藥徹底治癒了無明業障之病，就會像無論有多少雲霧覆蓋天空，都無法阻擋陽光一樣，煩惱絲毫都不會成為無上幸福的障礙。

一切苦惱都會轉為安樂，在不自由之中盡享自在的自由——這無礙之一道，正是古今中外的全人類一直在追求不已的終極目的。

「如眾水入海一味」——落到地表上的雨水，不管落到多麼高的山頂上，即使會在水池或湖泊中暫時停留，也終將匯聚到大大小小的河流裡，最後流入大海，成為同一種味道。

親鸞聖人告訴我們，就像百川歸於大海成為一種味道一樣，不分人種、性別、職業，一旦被彌陀的誓言所拯救，無論貧窮還是富有，無論有無才能，無論是否身心健康，所有的人都能夠進入這無礙之一道，得到無上的幸福。

《歎異抄》中記載的，就是這樣的世界。

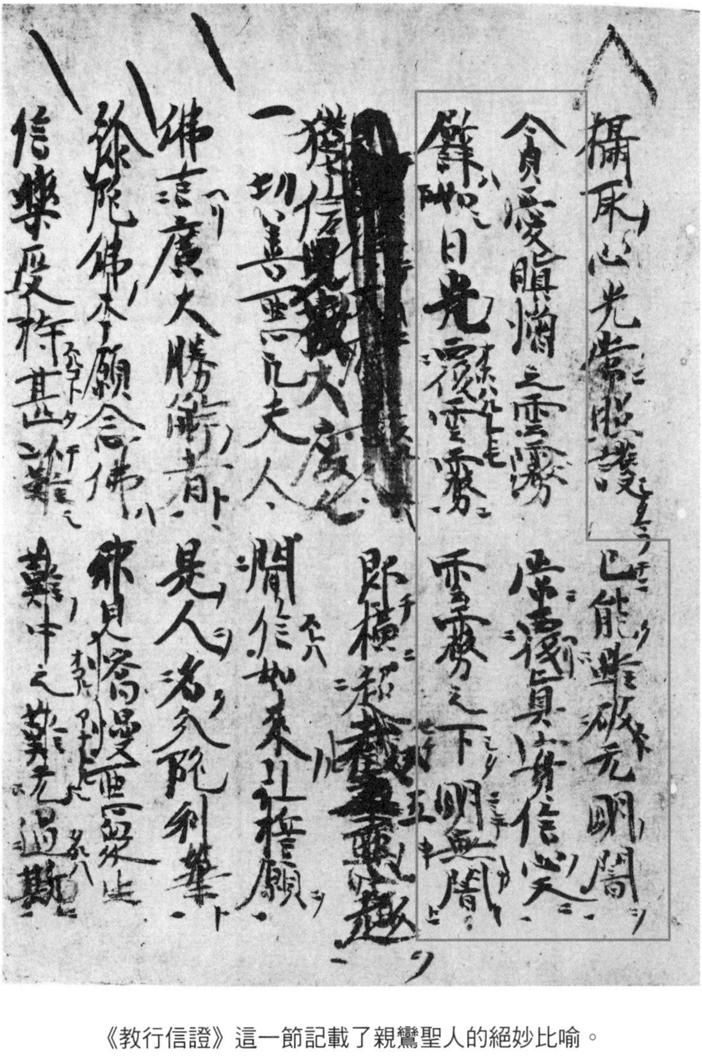

《教行信證》這一節記載了親鸞聖人的絕妙比喻。

寫著「雲霧之下明無闇」。

第六章 道謝

——念佛

難治之症的患者——所有人

↓

名醫的介紹人——釋迦牟尼佛

↓

名醫——阿彌陀佛

↓

特效藥——南無阿彌陀佛

←痊癒——無上的幸福

←道謝

有助於理解《歎異抄》全貌的譬喻故事，第六個要點。

> ⑥ 難治之症得以痊癒，患者深深感謝名醫和介紹人的恩情，情不自禁地說出感謝的話語。

治好了長久以來一直讓我們痛苦的無明業障之病（對死後黑暗之心），得到了無上的幸福的話，就會得知名醫彌陀、介紹人釋尊，以及將這個教義傳達給自己的人們的恩德，產生深深的感謝之心。

感謝的話語——「南無阿彌陀佛」

感謝的話語，會根據表達謝意的對象而有所不同。比如說，對日本人會說「あり

がとう（a ri ga to u）」，對美國人會說「Thank you」，對法國人會說「Merci」，對華人會說「謝謝」。

而對彌陀表達感謝的時候，感謝的話語則是「南無阿彌陀佛」。在口中稱念「南無阿彌陀佛」，就叫做念佛。

這個感謝的話語之所以會和特效藥的名字相同，是因為我們是從彌陀那裡得到南無阿彌陀佛這副特效藥而獲救的。出於「謝謝您給我南無阿彌陀佛這副特效藥」的感謝之心，作為感謝的話語情不自禁地稱念南無阿彌陀佛，這就是念佛。

然而，仔細反省自身就會發現，我們人其實連對彌陀表達感謝的正確話語是什麼都不知道。

我們以為是自己在念佛，但是其實，表達感謝的念佛也是彌陀給予的。

因為就連表達感謝的念佛都是由彌陀的力量（他力）讓我們稱念的，所以這被稱為「他力的念佛」。

世間有一種普遍的誤解，以為「只要念佛，誰都可以往生極樂，這就是親鸞聖人的教導」。（在《開啟歎異抄》第二部第三章有詳細解說）

但是，親鸞聖人勸導我們稱念的念佛其實是「感謝的念佛」，也就是依靠彌陀的誓言獲得了無上的幸福，為感謝彌陀的拯救而稱念的念佛。所以，「只要念佛就能得救」，就等於是說，「只要道謝就能治好病」。不會有人說這種離譜的話吧。

「趕快吃下南無阿彌陀佛這副特效藥，治癒『對死後黑暗之心』的疾病，得到無上的幸福，成為稱念感謝的念佛之身」——這才是親鸞聖人真正的教導。

親鸞聖人自己是在二十九歲的時候得到了拯救，進入了無礙之一道的世界。之後，為了傳播這個真實的幸福，直到九十歲去世為止，聖人一直都在講說彌陀的誓願（誓言）這一件事情，並且寫下了《教行信證》六卷，流傳後世。

被拯救為無上的幸福，這份歡喜，究竟有多大呢？

親鸞聖人經常這樣說：「彌陀的大恩，即使粉身也報答不完。釋尊以及歷代佛教老師的恩德，即使碎骨也報答不盡。」無盡的歡喜，化作了無盡的報恩之心。透過聖人這由衷的感歎，我們也可以略窺一二。

熊熊烈火中保護下來的《教行信證》

大約五百年前，蓮如上人的弟子本光房也是以同樣熾熱的報恩之心，保護了聖人寫下的淨土真宗根本聖典——《教行信證》。

那是五百年前，在日本福井縣的吉崎寺院遭遇大火時發生的事情。

將親鸞聖人的教義傳遍了日本全國的蓮如上人，當時把吉崎寺院做為弘法的基地。

有一天，吉崎寺院突然燃起了大火。

蓮如上人此時已年過六十，日常行動都已經有些不便。聽到有人大喊「著火啦！」上人非常震驚，來不及帶什麼東西就跑到了屋外。然而馬上，他就忍不住失聲大叫：「糟了！」

原來，上人把正在閱讀的親鸞聖人親筆書寫的《教行信證》忘在了起居間裡，沒有帶出來。

無論是誰，都難免有疏忽大意的時候。

對於自己的重大疏忽，上人極為自責，他不顧生命危險，轉身就要衝進大火裡去取。

弟子本光房看到後，喊了一聲「上人，交給我吧」，就一個箭步衝進了濃煙滾滾的烈火之中。

鑽過地獄般的烈焰，本光房終於到達了上人的起居間。看到《教行信證》依然安在，本光房跑過去緊緊把它握在手裡，這才放下心來。

然而，這時候已經來不及逃出去了。

烈火已經延燒到四面八方，斷絕了他的一切退路。

「要保護好《教行信證》，讓蓮如上人安心，看來今日我只有捐軀於此了。」

本光房下定了決心，從懷中取出短刀，用刀在腹部劃開一個十字，把聖典深深地塞進了臟腑深處。然後，他俯臥在地，任憑火焰灼燒自己的身體……。

火終於熄滅了。本光房的遺體靜靜地臥在上人的起居間處。

在燒焦的遺體裡面，人們發現了雖被鮮血染紅，卻安然無恙的《教行信證》。

蓮如上人撫摸著本光房的遺體，忍不住流下了熱淚：「本光房啊，你所守護的《教行信證》，必將成為永世的明燈，引導人們獲得真正的幸福。」

上人滾滾流淌的淚水，映著夕陽閃閃發光……。

本光房保護下來的這本《教行信證》，後來被稱為「血染的聖典」「腹藏的聖典」，一直留存至今。

第七章

《歎異抄》開篇的話語

讀懂了這句話，就會讀懂《歎異抄》全文

在之前的章節裡，透過譬喻故事為大家講解了《歎異抄》的全貌。

《歎異抄》之所以讓眾多讀者為之傾倒，不僅是因為它格調高雅、文筆優美，具有古典文學的魅力，更因為這本書的內容裡，蘊含著對古今中外的全人類來說最為重要的事情。透過之前的論述，相信大家已經感受到了這一點。

最後將要和大家一起拜讀的，是《歎異抄》開篇的一句話。這是非常重要的一段文字，甚至可以說，只要正確理解了這句話的意思，就能夠讀懂《歎異抄》的全部。

（原文）

信「被彌陀誓願不思議所拯救，必遂往生」，欲念佛之心發起之時，即獲攝取不捨之利益也。

（《歎異抄》第一章）

在這句話中，親鸞聖人講說了他於一念（瞬間）被彌陀的誓願所拯救，獲得了無上幸福時的不可思議的心境。

接下來，筆者將一邊回顧前文所講述的關於《歎異抄》全貌的譬喻故事的內容，一邊對照譬喻故事，詳細地解讀親鸞聖人的這句話語。

被彌陀誓願不思議所拯救

首先，開篇第一句中的「被彌陀誓願不思議所拯救」是什麼意思呢？

關於彌陀的誓願，在第三章已經詳細解釋過，這是指大宇宙中唯一的名醫阿彌陀佛的誓言。

彌陀以自己的生命為擔保，向所有人發下這樣的誓言：「一定要治好你們痛苦的根源——『對死後黑暗之心』的疾病，讓你們得到無上的幸福。」

所以，《歎異抄》中這句「被彌陀誓願不思議所拯救」，意思就是「依靠這不可思議的彌陀誓言，親鸞我已經獲得了誓言中所說的拯救，得到了無上的幸福」。

也就是說，彌陀治癒「對死後黑暗之心」這個疾病，讓我們得到無上的幸福，是在我們活著的時候。這在前文中已經講過多次了。

信「必遂往生」

接下來，信「必遂往生」是什麼意思呢？

親鸞聖人所說的「必遂往生」，是指若現在得到了彌陀的拯救，死後必定能去「往」極樂淨土，「生」而為佛。因為是在得到拯救的現在就清楚地得知這件事情，所以親鸞聖人說「信」必遂往生。

在活著的現在，依靠彌陀不可思議的誓言獲得了拯救的人，會清楚得知自己死後必定去往極樂淨土生而為佛。

因為彌陀的拯救有兩次，一次是在活著的現在，一次是在死後。

這叫做「現當二益」。

「現」，是指「現在」活著的時候。「當」，即「當來」，指的是「死後」。「益」，是「幸福」「拯救」的意思。因為彌陀的拯救有今生與死後這兩次，所以親鸞聖人的教義被稱為「現當二益」的教義。

於今生徹底治癒「對死後黑暗之心」的疾病，獲得無上的幸福；死後去往極樂淨土，生而為佛。

阿彌陀佛的拯救有這樣的兩次。

「因為只有在現世獲得拯救的人，死後才會得到拯救，所以要在活著的現在，趕快依靠彌陀的誓言徹底治癒『對死後黑暗之心』這個疾病，得到無上的幸福。」這就是親鸞聖人的教導。

那麼，「信」必遂往生的「信」字，又是什麼意思呢？這裡的「信」字，是「毫無疑心、清楚知道」的意思。

一般我們所說的「相信」，其實都是在有懷疑的情況下才會使用的。

比如說，「你的成績非常優秀，所以我相信你一定能考上○○大學。」

「相信明天的比賽，必定會和專家們預想的一樣，是○○隊獲勝。」

等等。

像這樣，我們都是對於還不確定的事情，帶著「說不定會猜錯」的懷疑，使用「相信」這個詞的。

相反地，對於已經清楚知道的事情，我們不會說「相信」。

比如說，曾經被火嚴重燒傷的人，不會說「我相信火是熱的」。因為他已經透過親身體驗，清楚知道了火的灼熱。

然而，《歎異抄》裡所說的「信」，卻是指對於死後往生極樂淨土「沒有絲毫懷疑，明確知曉」。

所以大家一定要知道，這裡所說的「信」，與我們平常說的那種帶有懷疑的「相信」，是完全不一樣的。

下面，讓我們來確認剛剛解釋過的原文吧。

（原文）

信「被彌陀誓願不思議所拯救，必遂往生」

〔釋義〕

清楚地得知了「自己被彌陀不可思議的誓言所拯救，於活著的現在得到了無上的幸福，死後必定能去往極樂淨土生而為佛」。

欲念佛之心發起之時

接下來，「欲念佛之心發起之時」，又是指什麼樣的心境呢？

● 現當二益

現 ＝ 「現在」，指活著的時候

當 ＝ 「當來」，指死後

二 ＝ 兩次

益 ＝ 幸福、拯救

於今生徹底治癒「對死後黑暗之心」的疾病，
獲得無上的幸福；
死後去往極樂淨土，生而為佛。

「欲念佛之心發起之時」，表達的是被彌陀所救攝的一念（瞬間）時的心境。

這指的是口中稱念「感謝的念佛」之前的瞬間。

這裡是非常容易弄錯的地方。很多人都把它誤解為「念第一聲佛的時候」，以為「親鸞聖人的教義是只要念佛就能得救的教義」。（詳見《開啟歎異抄》第二部第一章）

但是其實，所謂「欲念佛之心發起之時」，指的是「對死後黑暗之心」這個疾病徹底治癒、被彌陀牢牢救攝、得到絕對的幸福的一念。

即獲攝取不捨之利益也

最後，親鸞聖人說，「即獲攝取不捨之利益也」。

「即」指的是「對死後黑暗之心」的疾病被治癒，得到了無上幸福的一念。

「獲攝取不捨之利益也」，則是聖人在斷言「我得到了攝取不捨之利益」。

關於攝取不捨之利益，在本書的第三章已經講過，攝取不捨就是「牢牢地救攝，絕對不捨棄」的意思。利益，是指「幸福」。

「被彌陀牢牢地救攝，絕對不會改變的幸福」，就是「攝取不捨之利益」。這正是本書中經常提及的無上的幸福。

關於「攝取」的「攝」字，親鸞聖人告訴我們，這個字具有「不停地追趕再追趕，直到追趕的對象再也無處可逃時予以拯救」的含義。

古今中外的所有人，即使聽到彌陀在誓言裡說要無條件地拯救我們，使我們得到無上的幸福，也只是懷疑、揣度、反駁，背對著彌陀四處逃竄。

然而，名醫彌陀和介紹人釋尊，卻從來都沒有放棄，一直以堅毅的忍耐和無比的耐心引導我們，直到治癒「對死後黑暗之心」的疾病，讓我們得到無上的幸福。

打個比方，有一隻小狗掉進了山區的蓄水池裡。牠拚命地掙扎，想要爬上來。但是蓄水池周圍都砌著陡峭的石牆，大約有兩、三公尺高。靠小狗自己的力量，是根本不可能爬上來的。

而且，蓄水池很大，大約有兩千張榻榻米大小（相當於三千三百多平方公尺）。

現在池底的水量少還好，一旦下起雨來，小狗馬上就會被淹死。

很快，得知消息的救援人員就趕來了。

救援人員下到蓄水池底部，想要接近小狗，但是小狗只是時不時偷看他一眼，非常謹慎地不肯靠近。即使把食物投過去，小狗也只是四處逃竄，很難抓住牠。

即便如此困難，救援人員也沒有放棄。他有時追趕小狗，有時蹲在地上引誘小狗過來，然而小狗卻只是一味地害怕，還是在四處逃竄。

儘管如此，救援人員依然以極強的耐心，時而追趕、時而靜待，想出各種方法策略，終於在小狗再也無處可逃的時候，把牠救了起來。

筆者也知道，把人比喻成小狗是十分失禮的事情，這一點還請讀者海涵。之所以舉這個例子，是為了讓大家明白，直到我們獲得拯救、得知「彌陀誓願不思議」為止，彌陀、釋尊運用各種方便，不知多麼辛苦地引導我們。透過故事裡直到把小狗追到無處可逃、最終救起為止，救援人員所付出的種種辛苦、忍耐，或許可以窺見一斑。

七百年前唯圓寫給我們的「書信」

在得救之前，親鸞聖人也曾和我們一樣，充滿懷疑、四處逃逸。而最後，他終於得知了「彌陀的誓言是真實的」，獲得了無上的幸福。得救之後的親鸞聖人給我們留下了這樣的話語：「『對死後黑暗之心』的疾病被徹底治癒的話，就會獲得真正的幸福。而這個真正的幸福，你也一定能夠得到！」

為了將這個內容傳達給後世的我們，唯圓所寫下的書信，正是《歎異抄》。

讀到這裡的讀者，毫無疑問是已經收到了來自唯圓的這封信，得知了親鸞聖人寄語的幸福之人。

這條通往無上幸福的道路——極盡於聽聞之路，是所有人共通的路程。

當然，在人生中，每個人都會遇到各種各樣的事情。不僅有歡喜、快樂的事情，也會有痛苦、悲傷的事情。

但是，當你得知了這個無上幸福的時候，迄今為止人生中的一切就都有了意義，任何事情都不會是徒勞無益的。

在文章的最後，送上我們衷心的祝願。

希望下一個和親鸞聖人一樣，得知「彌陀的誓言是真實的」、獲得無上幸福的人，就是您。

結語

《歎異抄》據說是由親鸞聖人的弟子唯圓所著。

從字裡行間可以看出，唯圓想要把親鸞聖人教導的真正的幸福，正確傳達給後世的懇切之心。

人，最終必定會死去，卻為什麼無論多麼痛苦都一定要活下去？

《歎異抄》中揭示的，正是所有人渴求的「人為什麼活著」的答案。

為了將《歎異抄》裡蘊含的真實教義傳達給大家，我們撰寫了這本《歎異抄》的入門書。

或許同樣的內容在書中反覆出現，會令讀者感到繁瑣。但因本書的定位是入門書，以淺顯易懂為宗旨，所以對一些重要的地方不厭其煩地解釋說明。敬請各位讀者諒解。

在本書中多處提到的《開啟歎異抄》一書，不僅對《歎異抄》的原文做了現代文翻譯，還以親鸞聖人著作的原文為根據，對《歎異抄》的內容做了明白易懂的解說。

衷心希望各位讀者能以本書為基礎，進一步熟讀《開啟歎異抄》，獲得親鸞聖人明示給我們的無上幸福。

著者記

附錄

親鸞聖人簡介

一一七三年——生於京都（日本平安時代末期）。

九歲——出家，入佛門。

聖人四歲喪父，八歲時又失去母親。幼年時代痛失雙親，使聖人驚訝地意識到死亡也在步步逼近自己，於是，為了解決生死大事，他年僅九歲就剃度出家，成為比叡山天台宗的僧侶。在山上，聖人全心全力按照法華經的教義刻苦修行了二十年，卻由於未能解決生死大事，於二十九歲時揮淚離開了比叡山。

二十九歲——依靠阿彌陀佛的本願，實現人生目的。

下山後不久，聖人即遇到法然上人，得知了真實的佛法——阿彌陀佛的本願。依靠彌陀的本願，聖人終於得以解決生死大事，實現了人生的目的。他隨即拜法然上人為師，開始全力弘揚彌陀本願。

三十一歲——吃葷娶妻。

為了闡揚彌陀本願廣度一切眾生的真意，親鸞聖人於三十一歲時公然吃葷娶妻。這在當時的佛教界引起軒然大波，使其備受四面八方的責難和攻擊。

三十五歲——被流放越後（新潟縣）。

聖人三十五歲時，遭遇了日本佛教史上最嚴厲的彈壓。在這次彈壓中，親鸞聖人最初被判死罪，後改為流放越後（今新潟縣）。在風雪嚴寒的越後之地苦度五個春秋之後，聖人來到關東（今東京一帶），在此處大力弘揚彌陀的本願，使真實佛法傳遍關東大地。

六十歲後——從關東回到京都。

聖人返回京都後，直到九十歲去世為止，一邊宣揚彌陀的本願，一邊致力於寫作。聖人最重要的著作為《教行信證》，其他還有《淨土和讚》《高僧和讚》《正像末和讚》《愚禿抄》《唯信鈔文意》《一念多念證文》等多部著作。

一二六三年——九十歲圓寂。

蓮如上人簡介

一四一五年——生於京都（日本室町時代）。

蓮如上人誕生於親鸞聖人去世一百五十年之後，是本願寺第七代宗主存如的長子。

三十五歲——前往關東（今東京一帶）弘法。

青年時代的蓮如上人，在窮困的生活中努力修習佛法。三十五歲時，他去往關東弘法。據說，由於蓮如上人一直都是穿著草鞋步行傳法，所以草鞋的細繩在上人腳上留下了深深的印跡，直到上人去世都沒有消失。

像這樣，淨土真宗的教義是由親鸞聖人徹底闡明，由蓮如上人一步一個腳印地傳播開來的。

四十三歲——繼承本願寺，成為第八代宗主。

蓮如上人大力弘法，出現了很多佛緣深厚的門徒。

四十七歲——在四處奔波弘法之餘，開始以書信形式傳播佛法。

蓮如上人的主要著作名為《御文章》，是上人寫給弟子和門徒的書信。

蓮如上人看清了本願寺荒廢的原因在於沒有講說教義，於是發奮用心鑽研親鸞聖人最重要的著作《教行信證》，寫下了很多明白易懂的書信。這些書信都是蓮如上人數十年刻苦鑽研的心血結晶，有二百餘封留存至今。

弟子以及門徒收到上人的書信，就會抄寫轉傳，這樣一傳十、十傳百，《御文章》作為千百個蓮如上人的化身，將佛法傳到了日本全國各個角落。

一四九九年——八十五歲圓寂。

由於蓮如上人辛苦的弘法，淨土真宗（親鸞聖人的教義）一躍成為日本佛教界最大的宗派，並一直延續至今。

註釋出處

*1 松野尾潮音《生活中的信仰4》（《中外日報》1963年8月6日）

*2 司馬遼太郎《司馬遼太郎講演全集》1、朝日新聞社、2000年

*3 司馬遼太郎《十三世紀的文章語言》（《這個國家的形態》2、文藝春秋、1990年）

*4 倉田百三《一枚起請文 歎異抄》大東出版社、1934年

*5 岸本英夫《凝視死亡之心》講談社、1973年

*6 托爾斯泰（著），中村白葉、中村融（譯）《懺悔》（《托爾斯泰全集》14、河出書房出版社、1982年）

*7 夏目漱石《模仿與獨立》（《現代日本的開化等》教育出版、2003年）

*8 國木田獨步《獨步病床錄》（《獨步叢書》10、新潮社、1925年）

中華民國 淨土真宗 親鸞會

官網 https://www.srk.org.tw

我們以闡明佛教之真髓，弘揚親鸞聖人教義為使命。親鸞聖人是以『平生業成』四字，講說釋迦牟尼佛的教義。這正是古今中外全人類所迫切探求的人生的目的、「人為何而生、為何而活」之解答。衷心期盼更多人能夠深入理解佛教教義，共同在這條至高無上的幸福之路攜手前行。

台北會館

地址：台北市承德路四段188號4樓

TEL：02-2883-1300

花蓮會館

地址：花蓮市國興二街130號

TEL：03-835-0346／0913-575022

桃園講堂

地址：桃園市中和街16號

TEL：03-338-5297／0939-082684

新竹講堂

地址：新竹縣竹北市成功二街196號5樓

TEL：0978-525-997

台中講堂

地址：台中市精誠18街33號1樓

TEL：04-2326-0107／04-2310-6832

高雄講堂

地址：高雄市成功一路232號11樓之2

TEL：07-330-5943

羅東講堂

地址：宜蘭縣羅東鎮大同路46巷4-2號3樓

TEL：0939-082684

各地會館／講堂 均有舉辦佛法講座

另有Zoom線上佛法學習會

歡迎您一起來追求殊勝佛緣！

中華民國 淨土真宗 親鸞會

我們的活動

▪實體佛法講座

主題包括：因果的道理、認識真實的自己、相對幸福及絕對幸福、阿彌陀佛的本願、平生業成（於活著的現在，完成人生目的）、歎異抄與人為什麼活著、難度海人生有大船、如何解決後生一大事等。

▪網路佛法學習會

只要使用網路，在您方便的時間，不受地點、國家的限制，可以隨時隨地學習佛教。現在台灣、香港、馬來西亞、新加坡、美國、加拿大等各地的人都在參加。可依個人需求，有系統地學習佛法。詳見https://www.srk.org.tw/study

▪電影上映會

在各地舉辦佛法動畫片上映會。網路上也可以參加上映會看動畫片。
如果想要參加上映會或有舉辦上映會的需求，請加LINE好友。
片名：世界之光親鸞聖人動畫片／人為什麼活著／開啟歎異抄／王舍城的悲劇

● 歡迎加入LINE好友洽詢

眾生系列　JP0227

南無阿彌陀佛是什麼：名著《歎異抄》入門

歎異抄ってなんだろう

作　　者／高森顯徹、高森光晴、大見滋紀
譯　　者／《南無阿彌陀佛是什麼》翻譯組
責任編輯／陳芊卉
封面設計／周家瑤
內頁排版／菩薩蠻電腦科技有限公司
業　　務／顏宏紋
印　　刷／漾格科技股份有限公司

發 行 人／何飛鵬
事業群總經理／謝至平
總 編 輯／張嘉芳
出　　版／橡樹林文化
台北市南港區昆陽街 16 號 4 樓
電話：886-2-2500-0888 #2738　傳真：886-2-2500-1951
發　　行／英屬蓋曼群島商家庭傳媒股份有限公司城邦分公司
台北市南港區昆陽街 16 號 8 樓
客服專線：02-25007718；02-25007719
24 小時傳真專線：02-25001990；02-25001991
服務時間：週一至週五上午 09:30-12:00；下午 13:30-17:00
劃撥帳號：19863813　戶名：書虫股份有限公司
讀者服務信箱：service@readingclub.com.tw
城邦網址：http://www.cite.com.tw
香港發行所／城邦（香港）出版集團有限公司
香港九龍土瓜灣土瓜灣道 86 號順聯工業大廈 6 樓 A 室
電話：852-25086231　傳真：852-25789337
電子信箱：hkcite@biznetvigator.com
馬新發行所／城邦（馬新）出版集團
Cite（M）Sdn. Bhd.（458372U）
41, Jalan Radin Anum, Bandar Baru Seri Petaling,
57000 Kuala Lumpur, Malaysia.
電話：+6(03)-90563833　傳真：+6(03)-90576622
電子信箱：services@cite.my

一 版 一 刷／2024 年 11 月
I S B N／978-626-7449-33-2（紙本書）
I S B N／978-626-7449-32-5（EPUB）
定　　價／350 元

城邦讀書花園
www.cite.com.tw

國家圖書館出版品預行編目（CIP）資料

南無阿彌陀佛是什麼：名著 << 歎異抄 >> 入門 / 高森顯徹，高森光晴，大見滋紀著；<< 南無阿彌陀佛是什麼 >> 翻譯組譯．-- 一版．-- 臺北市：橡樹林文化出版：英屬蓋曼群島商家庭傳媒股份有限公司城邦分公司發行，2024.11
面；　公分．--（眾生系列；JP0227)
譯自：歎異抄ってなんだろう
ISBN 978-626-7449-33-2(平裝)
1.CST: 淨土真宗 2.CST: 佛教說法
226.885　　113012000